Werner Tiki Küstenmacher

Entrümpeln leicht gemacht

simplify your life

Entrümpeln leicht gemacht

ISBN 978-3-8125-0818-6

Bibliographische Information der Deutschen Bibliothek
Die Deutsche Bibliothek verzeichnet diese Publikation in der Deutschen Nationalbibliographie, detaillierte bibliographische Daten sind im Internet über http://dnb.ddb.de abrufbar

Herausgeber: Kathrin Righi, Bonn
Redaktion und Zeichnungen: Werner Tiki Küstenmacher, Gröbenzell
Lektorat: Stefanie Schaefer, Bonn
Produktmanagement: Dana Schulz, Bonn

Design: Verena Pütz, Bonn
Druck: Zimmermann Druck + Verlag GmbH, Balve

VNR Verlag für die Deutsche Wirtschaft AG
Eingetragen: Amtsgericht Bonn HRB 8165
Vorstand: Helmut Graf, Guido Ems, Bonn
Besucheradresse: VNR Verlag für die Deutsche Wirtschaft AG
Theodor-Heuss-Str. 2-4, 53177 Bonn
(Großkundenpostleitzahl: 53095 Bonn)
Telefon: (0228) 82 05-0, Telefax: (0228) 36 96 480
E-Mail: info@simplify.de

Liebe Leserin, lieber Leser,

„Ich hätte nie gedacht, dass Wegwerfen so glücklich macht!“ Sätze wie diesen höre ich häufig – gerade von Menschen, die dem Entrümpeln vorher eher skeptisch gegenübergestanden waren. Doch es ist verblüffend, wie eng Ihre Seele mit Ihrer Wohnung, Ihrer Arbeitsumgebung und all Ihren Dingen verbunden ist.

An vielen Sachen, die Sie besitzen, hängt sozusagen ein kleines Band, das mit Ihrem Herzen verknüpft ist. Das ist schön und gibt Geborgenheit. Aber wenn es allzu viele solcher Bänder gibt, dann sieht es schlecht aus mit Ihrer Freiheit. Stellen Sie sich bildlich vor, wie Sie durch Ihre Zimmer gehen und von all den vielen unsichtbaren Bändern umschlossen werden – da ist es eine wundervolle Erfahrung, sich von einigen dieser Gegenstände und den damit verbundenen Fesseln befreien zu dürfen.

Und: Verabschieden Sie sich von der Illusion, Sie könnten je in einem 100 % ordentlichen Umfeld leben, in 100 %-iger Gesundheit, mit einem 100 % perfekten Partner usw. Das geht nicht, wäre unnatürlich und unmenschlich. „Liegen lassen und gar nichts machen“ ist jedoch auch keine Alternative. Auch das empfinde ich als unnatürlich und unmenschlich. Der Mensch will gestalten, verändern und schöpferisch tätig sein.

In diesem Sinne wünsche ich Ihnen den Spaß und die Gelassenheit, sich von allem zu befreien, was Sie auf Ihrer wunderbaren Reise in eine freiere, einfachere und glücklichere Zukunft abhält.

Ihr

Werner Tiki Küstenmacher

Werner Tiki Küstenmacher
simplify® your life

Inhalt

4. Tipps für ballastfreies Miteinander

5. Machen Sie sich frei

1. Universelle Tipps zum Entrümpeln

1.1 Ermutigung zum echten Entrümpeln

Wegwerfen ist einfacher, als Sie denken!

„Ich vermisse Tipps zum Entrümpeln von alten Aktenordnern", schrieb uns unser Leser Henning Droege. Er hat seine persönliche Ablage zwar weitgehend auf Computer umgestellt, aber wie viele Menschen besitzt er noch eine gehörige Menge „Altlasten" zwischen Aktendeckeln. Hier ein paar bewährte **simplify**-Tipps fürs Entschlacken Ihrer abgelegten Akten.

Keine Angst vor leerem Raum

Ordner gelten als sehr dauerhaft. Viele Menschen bringen es kaum übers Herz, leer geräumte Ordner wegzuwerfen. Daher denken sie sich nach einer geglückten Ausmist-Aktion meist schnell neue Verwendungszwecke für die leeren Metallbügel aus. Widerstehen Sie der Versuchung. Schichten Sie nicht nur um, sondern schaffen Sie echten Freiraum in Ihren Regalen.

Machen Sie den Google-Test

Eine verblüffende Methode für den Abschied von papiernen „Archiven" (die Anführungszeichen sollen darauf hindeuten, dass die meisten Sammlungen alter Artikel und Schriftstücke keineswegs so schön geordnet sind wie ein richtiges Archiv): Prüfen Sie stichprobenartig, was Sie zum Thema eines papiernen Artikels im Internet finden. Geben Sie in einer Suchmaschine (z. B. www.google.de) die entsprechenden Begriffe ein. Mit etwas Übung und Geduld – selten werden Sie beim ersten Mal das treffsicherste Suchwort erwischen – stellen Sie in der Regel fest, dass zu der gesuchten Materie zahlreiche Informationen online verfügbar sind. Meist sind sie sogar aktueller und haben den unschätzbaren Vorteil, dass sie in digitaler Form vorliegen. Die Ergebnisse einer Online-Recherche können Sie direkt (mit „Kopieren" und „Einfügen") in Ihre Vorträge oder sonstigen Arbeiten einbauen.

Schalten Sie um auf online

Meist lautet das Ergebnis: Sparen Sie sich den Platz und die Mühe, Ihr eigenes papiernes Archiv aufzubauen. Die Artikel vieler Zeitungen und Zeitschriften finden Sie auf den Internetseiten der betreffenden Redaktionen, manchmal gegen eine geringe Gebühr.

Ebenfalls kostenpflichtig sind riesige Datenbanken wie www.genios.de. Bedenken Sie, dass der Aufwand für ein eigenes Archiv immer teurer ist als die gelegentlichen kleinen Zahlungen an solche Datenlieferanten – wenn Sie die Kosten für Aufbewahrungsmöbel und Ihre Arbeitszeit mit spitzem Stift mitrechnen.

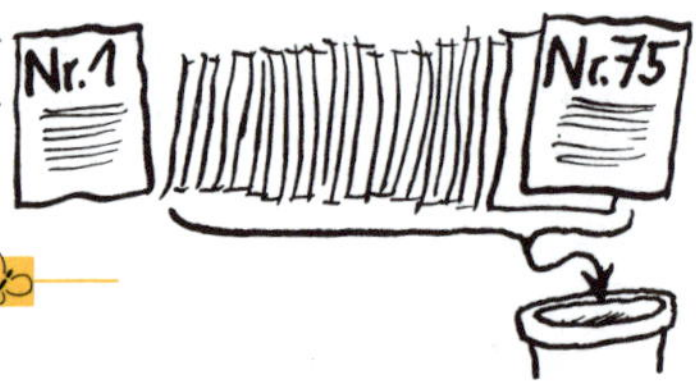

Methode Anfang und Ende

Gerade in Versicherungs- und Behördenordnern sammeln sich zu einem einzigen Vorgang oft umfangreiche Papierstapel an.

Faustregel: Heben Sie das erste und das letzte Schriftstück auf. Bei Versicherungen also die Anfangs-Police und die jüngste Aktualisierung mitsamt dem letzten Anschreiben, auf dem Sie die aktuelle Adresse und Ihren Ansprechpartner finden. Auch die meisten anderen Ordner können Sie mit diesem Grundsatz substanziell verschlanken.

Tipp

⇨ Highlights statt Historie: Ordner, in denen Sie Erinnerungen an Ausbildung oder Studium aufheben, sollten Sie besonders kritisch prüfen: Welche Seiten werden Sie jemals wieder ansehen? Heben Sie Material von ein paar herausragenden Ereignissen auf und werfen Sie alles „dazwischen" weg. Wie so oft gilt also auch hier: Klasse statt Masse.

Das Finanzamts-Syndrom

Laut Gesetz müssen Sie als Selbstständiger alle steuerlich relevanten Belege zehn Jahre lang aufbewahren. Das bedeutet aber nicht, dass die 50 betroffenen Ordner ständig griffbereit in Ihrem Büro stehen müssen. Der Fall, dass Sie vom Finanzamt zur Herausgabe einzelner Belege gebeten werden, ist so extrem selten, dass Sie die alten Sachen auch in einer Kellerkiste aufbewahren können. Nehmen Sie für jedes Jahr eine, und werfen Sie Anfang 2008 dann genüsslich die Kiste von 1998 fort. Angestellte können nach dem Erhalt des endgültigen Steuerbescheids alle Unterlagen entsorgen.

1.2 Wer spukt bei Ihnen?

Eine Gespenster-Kunde für furchtloses Ausmisten

Luigi Pirandello, italienischer Nobelpreisträger für Literatur, hat einmal bemerkt: „Die Gespenster hausen nicht in alten Schlössern, sie stecken in uns selbst." Vor allem in unseren Gewohnheiten! Wenn es Sie immer wieder vor dem Aufräumen und Weggeben gruselt, hat sich bei Ihnen wahrscheinlich ein Krempelgeist eingenistet. Wir verraten Ihnen, wie Sie die drei häufigsten dieser Monster aufspüren und vertreiben können.

Das Sammel-Gespenst

... wirkt auf den ersten Blick überhaupt nicht schrecklich. Es haust in Räumen, die uns magisch anziehen: ein Antiquariat voller Bücherschätze, eine schnuckelige Geschenkboutique, eine bestens sortierte CD-Abteilung, ein gemütlicher Antiquitätenladen, ein Häuschen auf dem Lande voller Kuriositäten und Erbstücke. Ein Unhold, der Sie mit Überfülle sowie dem Versprechen von Entdeckerlust und Geborgenheit in die Falle lockt. Abwehr: Erklären Sie sich zum Herrn im Haus und hören Sie auf, den dienstbaren Helfer für dieses Gespenst zu spielen. Das Sammel-Gespenst hasst klare Definitionen in Sachen Menge und Ort. Weisen Sie ihm einen eng begrenzten Platz zu, wo es bleiben muss, etwa eine Sammelvitrine oder ein Bücherregal. Reduzieren Sie die Masse, indem Sie ihm die konkrete Zahl der Gegenstände nennen, die Sie bequem an diesem Ort aufheben können: 33 Eierbecher, 22 Teddybären oder 111 Briefbeschwerer sind genug.

Das Aufhebe-Gespenst

... nutzt seit Jahrtausenden menschliche Behausungen mit. Ursprünglich war das Vorrathalten eine lebensnotwendige Funktion, die der Mensch aus dem Tierreich übernommen hat. Hamster wie Eichhörnchen beherrschen die Kunst, Nahrung für schlechte Zeiten zu bunkern. Aus dieser Strategie ist aber ein gespenstischer Zwang geworden, aus der gut gefüllten Speisekammer eine voll gestopfte Wohnung. Zwischen all den Dingen sitzt das Aufhebe-Gespenst, erschreckt uns mit Bildern früherer Entbehrung und erzählt Schauergeschichten von Notzeiten, in denen man gegen den nutzlosesten Kitsch ein Stück hartes Brot hätte eintauschen können. Vorratsgespenster erkennen Sie an der langen rasselnden Kette der Angst, die sie um leblose Gegenstände geschlungen haben. Abwehr: Ihr Leben hängt nicht von leblosen Gegenständen ab! Stellen Sie sich beim Weggeben vor, dass Sie den betreffenden Gegenstand samt angekettetem Gespenst für 30 Jahre auf eine ferne Insel verbannen und inzwischen ebenso vergnügt wie angstfrei weiterleben.

Das Ermattungs-Gespenst

... ist von der gefährlichen Sorte. Es hindert Sie nachhaltig daran, sich überhaupt zum Entrümpeln aufzuraffen. Es verbreitet Müdigkeit, Lustlosigkeit und Erschöpfung. Es lockt Sie von den Aufgaben weg und vor den Fernseher oder die Playstation. Es betäubt Sie mit Süßem, Alkohol oder Schlappheit. Am Ende spüren Sie nur noch Widerstand und resignieren. Abwehr: Dieses träge Monster lässt sich nur mit einer langfristigen Strategie unauffälliger Aktionen vertreiben. Verstehen Sie sich als Geheimagent in eigener Sache. Agieren Sie „undercover“, unauffällig und in blitzschnellen, kleinen Einheiten, die schon wieder abgeschlossen sind, bevor dieser schlappe Geist überhaupt reagieren kann. Besorgen Sie sich einen einfachen Küchenwecker. Stellen Sie 15

Minuten ein und platzieren Sie ihn so neben sich beim Arbeiten, dass Sie ihn ticken hören. Das motiviert Sie, 15 Minuten am Ball zu bleiben. Beginnen Sie mit kleinen Einheiten: Geldbeutel, Handtasche, Handschuhfach, eine Küchenschublade, eine Hängeregistraturmappe, ein Ordner auf der Festplatte. Wenn Sie genügend Erfolgserlebnisse gesammelt haben, dehnen Sie die Wecker-Zeit auf 30 Minuten aus. Und staunen, dass Sie alle drei Plagegeister vertrieben haben!

1.3 Die SIM/PL/I/F/Y-Methode

So überwinden Sie Ihre Aufräum-Blockaden

„Ich weiß, ich weiß, ich müsste mal ...“ Kennen Sie diesen Stoßseufzer? In Zusammenarbeit mit Aufräum-Profis sowie in zahlreichen Entrümpelungsaktionen mit Bekannten und Verwandten haben wir eine Methode entwickelt, die bisher noch jedem den nötigen Motivationsschub gegeben hat. So funktioniert's:

SIMulieren Sie Ordnung!

Es klingt verrückt, aber es klappt: Wenn Sie von einem aufgeräumten Schreibtisch träumen, dann tun Sie so, als ob Sie einen hätten. Räumen Sie die Tischplatte frei. Packen Sie die Sachen in offene Bananenkisten. Entfernen Sie allen Nippes von der Oberfläche. Putzen Sie die Tischplatte blitzblank. Stellen Sie dann die wichtigsten Gegenstände (in gesäubertem Zustand!) wieder auf: Uhr, Telefon, Lampe, Monitor, Tastatur, Schreibunterlage.

Wichtigste Regel: Auf der Arbeitsfläche darf nur stehen bleiben, was Sie mehrmals an jedem Tag benötigen.

Setzen Sie sich nun an Ihren Schreibtisch und genießen Sie das herrliche Gefühl des freien Raums. So ein leerer Tisch ist schnell wieder gefüllt. Jetzt aber wissen Sie, dass Sie jedes Stück Papier, das hier wieder landet, bewusst in der Hand hatten. Sie werden sehen: Es ist ein völlig neues, freudiges Lebensgefühl!

Klar: Das Ganze ist nur Simulation, denn hinter Ihnen türmt sich ja noch das ganze Zeug, das bislang auf der Schreibtischplatte lag. Aber Sie haben einen wichtigen ersten Schritt gemacht, der Ihnen den nächsten erleichtert. Aber halt! Der nächste Schritt ist nicht „Aufräumen“, sondern:

PLanen Sie!

Der häufigste Fehler jeder Entrümpelungsaktion: Das Einräumen der erst einmal ausgeräumten Sachen geschieht „nach Gefühl“. Meist wird das alte Durcheinander dabei mehr oder weniger wieder nachgebaut. Nutzen Sie deshalb Ihre leere Tischplatte, um dort auf einem leeren Blatt Papier Ihr zukünftiges geordnetes Büro zu entwerfen.

Tipp

- Diese SIMulationstechnik gilt auch beim Entrümpeln Ihres Kellers, beim Ausmisten Ihres Kleiderschranks oder beim Revolutionieren Ihrer Rumpelkammer: Alles frei machen, putzen und genießen.

Investieren Sie!

Ohne die Anschaffung von einigen sinnvollen Aufbewahrungsmöbeln geht nichts. Investieren Sie auch Zeit und Ideen, um Ihr „renoviertes“ Büro so praktisch und angenehm wie möglich zu gestalten - alles Investitionen, die sich später sehr auszahlen.

Finden Sie Ihr System!

Keine übertriebenen Vorschriften. Lassen Sie sich nichts aufschwätzen. Ihre Ordnung ist etwas sehr Individuelles. Sie muss zu Ihnen passen. Wir geben Ihnen Tipps, die sich bei anderen bewährt haben. Übernehmen Sie nur, was Ihnen sympathisch ist. Bleiben Sie dabei flexibel. Überprüfen Sie Ihre Ordnungssysteme regelmäßig. Was beflügelt Sie, was bremst? Ordnung darf nicht zu einem starren Raster werden, sondern soll ein organischer und menschenfreundlicher Helfer für Sie sein.

Yeah!

Freuen Sie sich, feiern Sie, zeigen Sie Ihr Ergebnis stolz herum.

1.4 Die hohe Schule des Wegwerfens

Wie auch Sammelwütige entrümpeln können

In letzter Zeit haben wir mehreren Menschen persönlich beim Aufräumen und Ausmisten geholfen. Eine Sache ist uns dabei besonders aufgefallen: Es wird immer noch zu wenig weggeworfen, nicht nur von eingefleischten Sammlernaturen. Deshalb hier ein paar neue Ermunterungen zum fröhlichen Entrümpeln.

Machen Sie das Wegwerfen zu einer Gewohnheit

Werfen Sie stets etwas weg, wenn Sie etwas Neues eingekauft haben. Verankern Sie das als Zeremoniell, indem Sie bereits beim Einkaufen des Neuen beschließen, was Sie mit dem Alten machen werden (verschenken, verkaufen, entsorgen). Das gilt auch für Bücher und Zeitschriften!

Der richtige Papierkorb

Stellen Sie wirklich große Behälter für Altpapier und Altpappe bereit. Der klassische runde Eimer ist zu klein. Ideal ist eine Kiste oder ein Korb, in dem das Papier glatt aufeinander liegt. Werfen Sie Papier unzerknüllt fort. Dadurch haben Sie die Chance, im Zweifelsfall etwas Weggeworfenes wiederzufinden. Außerdem ist es so am platzsparendsten. Stellen Sie den Papierkorb rechts von sich, wenn Sie Rechtshänder sind (Linkshänder umgekehrt), damit Sie instinktiv „loslassen“ können.

Im Zweifelsfall wegwerfen

Das hört sich hart für Menschen an, die vorher im Zweifelsfall alles aufgehoben haben (und auch so erzogen waren). Das klingt auch hart in Zeiten, in denen die Preise steigen und die wirtschaftliche Zukunft unsicher ist („Da sollte man doch nichts wegwerfen“). Aber gerade in solchen Zeiten brauchen Sie Beweglichkeit und Flexibilität, und die wird durch nichts so sehr eingeschränkt wie durch überfüllte Regale und Zimmer.

Vermutlich sind aber 80 % aller in irgendwelchen Stapeln herumliegenden Schriftstücke Zweifelsfälle. Bei Gegenständen ist der Prozentsatz etwas geringer, aber immer noch hoch. Sehen Sie es so: Wenn es Ihnen wirklich einmal passiert, dass Sie etwas Wichtiges weggeworfen haben und es nur mit einigen Anstrengungen wieder beschaffen können - dann wissen Sie, dass Sie endlich den Endpunkt Ihres großzügigen Wegwerfens erreicht haben!

Entzaubern Sie Legenden

Jeder Mensch, der viel aufhebt, kennt ein paar ergreifende Geschichten, wie er mit etwas Aufgehobenem einem anderen einen unschätzbaren Dienst erwiesen hat. Analysieren Sie solche Erlebnisse kritisch: Wie hoch war der wirkliche Nutzen? Stand er in einem vernünftigen Verhältnis zum enormen Aufwand Ihrer Lagerhaltung? Wie sieht es mit den negativen Belastungen aus (etwa in der Partnerschaft), die durch Ihre Sammelwut hervorgerufen werden?

Denken Sie zukunftsorientiert

Viele Alles-Aufheber befürchten, dass sie das Wegwerfen bereuen könnten. Das bedeutet, dass sogar ihre Zukunftsplanung von der Vergangenheit bestimmt wird (sie denken jetzt schon ans Zurücksehen). Orientieren Sie sich neu: Betrachten Sie das Wegwerfen als etwas, das Sie von den Ketten der Vergangenheit befreit. Wenn Sie etwas weggeworfen haben, ist Bereuen (also rückwärts gewandtes Denken) ja nicht mehr nötig!

Misten Sie auch geistig aus

Wir empfehlen, den Tag nicht mit einer Tageszeitung zu beginnen. Es ist Zeitverschwendung und lässt Sie Ihren Tag mit (eigentlich von Ihnen weit entfernten) belastenden Nachrichten beginnen. Wenn Sie Sorge haben, etwas Wichtiges könnte Ihnen entgehen, hören Sie die Radionachrichten. Oder lesen Sie auf dem Weg zur Arbeit die Überschriften der Zeitungen in den Verkaufskästen. Wenn es eine alles überragende Nachricht des Tages gibt, steht sie dort.

Erleben Sie Weite

Gehen Sie jeden Tag ins Freie und entdecken Sie etwas Natur. Ein paar Minuten reichen, und Sie haben etwas von der einfachen Energie des Lebens getankt. Sehen Sie in die unendliche Weite des Himmels und nehmen Sie etwas davon in Ihrem Inneren mit. Das hilft Ihnen, auch in der Wohnung freie Räume zu schaffen.

1.5 Gerümpelphilosophie

Was ist Krempel?

Die Lebensberaterin Barbara Sher rät zu einer genauen Analyse des Begriffs: Nicht nur die herumliegenden Sachen, die ein Zimmer so unordentlich aussehen lassen, sind Krempel. Auch Menschen mit blitzsauber aufgeräumten Räumen haben jede Menge Krimskrams – bei ihnen ist er lediglich besser versteckt. Krempel lässt sich am besten psychologisch beschreiben: Alles, was an Ihnen nagt, was Sie in den seufzenden Oje-ich-sollte-eigentlich-Zustand versetzt, das ist Krempel. Es stellt sich Ihrem Traum vom einfachen, glücklichen Leben in den Weg. Sher hat daraus eine bemerkenswerte Philosophie gemacht: Besiegen Sie Krempel und Gerümpel nicht durch Aufräumen, sondern durch eine veränderte Einstellung dazu. Das geschieht in drei Schritten:

1. Sehen Sie ein, dass Sie Gerümpel brauchen

Die vielen Sachen um Sie herum sind keine Naturkatastrophe, sondern sie erfüllen alle irgendwelche geheimen Bedürfnisse. Eine Frau wirft einen irgendwo ausgebauten Elektromotor ohne Bedenken fort, ein Mann würde zögern. Umgekehrt ist es wahrscheinlich bei einer handgetöpferten Kanne. Jedes Stück, ob de facto brauchbar oder nicht, ist mit einer Person verbunden und hat eine emotionale Bedeutung. Kein Mensch mit vollen Bücherregalen hat all die Bücher gelesen – aber er liebt die Vorstellung, es vielleicht einmal zu tun, und er schätzt den Nimbus des Gebildetseins, den sie vermitteln.

Sehen Sie der Wirklichkeit ins Auge: Alle Versprechungen, die Ihnen die vielen Dinge um Sie herum machen, sind hohl. Gerümpel tut das Gegenteil von dem, was es verspricht. Es frisst die Zeit auf, in der Sie sich eigentlich Ihre Träume erfüllen könnten.

2. Organisieren Sie Ihr Gerümpel nicht

Nun könnten Sie alles wegwerfen, oder? Falsch! Erstens würden Sie es nicht übers Herz bringen (noch nicht), zweitens wäre das Gerümpel nach kürzester Zeit wieder da. Nicht weil es auf magische Weise aus dem Nichts erscheint, sondern weil Sie es immer noch haben wollen. Fangen Sie am anderen Ende an.

3. Richten Sie eine Traumecke ein

Alles in Ihrer Wohnung hat einen Platz: Essen, Kochen, Schlafen, Fernsehen. Nur Ihre eigene Zukunft nicht. Alles ist sehr gegenwärtig. Reservieren Sie sich einen gerümpelfreien Platz für Ihre Träume. Manche nennen das Meditationsort, Kapelle oder einfach „meine Ecke". Räumen Sie eine Wand frei, möglichst eine mit Fenster. Schaffen Sie ein paar Quadratmeter Luft. Stellen Sie dort etwas auf, was den Raum freihält: einen niedrigen Tisch, einen Teppich.

Ihre Traumecke ist nun ein Ort für 1. pure Phantasie (ohne Datum, ohne Zwang zur Verwirklichung, ohne „Eines Tages sollte ich ...") und 2. zukünftige Dinge – von der Planung Ihres nächsten Urlaubs bis zu Ihrem Lebenstraum.

Sie brauchen die falschen Versprechungen der vielen Dinge nicht mehr. Im Vergleich zu den Phantasien Ihrer Traumecke wirkt das Gerümpel im übrigen Teil der Wohnung langweilig.

Tipps

Shers Minimallösungen, um Gerümpel loszuwerden

- Barbara Sher hebt sämtliche Fotos in einem großen Koffer auf, vollkommen durcheinander. Der Koffer steht unter dem Couchtisch, für jeden zugänglich. Der Spaß, sich beim Teestündchen oder während der Fernsehwerbung ein paar Bilder aus irgendeiner Epoche Ihres Lebens völlig zufällig anzugucken, ist viel größer als der beim braven Durchblättern eines wohlgeordneten Fotoalbums.
- Barbara Sher würde niemals einen wunderschönen Tag ihres Lebens mit einer Großreinemach-Aktion vergeuden. Stattdessen nutzt sie immer wieder kleine Momente, um etwa zehn Dinge wegzuwerfen: während des Zähneputzens die Schublade mit den Arzneien durchstöbern; beim Öffnen eines Küchenschranks nicht nur den gesuchten Mehltopf herausnehmen, sondern zehn obsolete Schachteln mit Nahrungsmitteln entsorgen.

1.6 Durchhaltemüdigkeit adé!

Wie Sie Angefangenes zu Ende bringen

Die folgenden Tipps verdanken wir Sandra Felton. Sie lebt in Miami, Florida/USA, und hat viele Bücher zum Thema „Messies“ geschrieben. Sie kennt sich gut mit dem Thema aus und weiß, dass eines der typischen Phänomene unordentlicher Menschen (die sie mit dem Wort „Messies“ bezeichnet, vom englischen mess = Durcheinander) deren Weigerung ist, eine begonnene Arbeit vollständig zu beenden.

Das klassische Beispiel: Die Zahnpastatube wird nach Gebrauch nicht wieder zugeschraubt.

Andere Formen der Durchhaltemüdigkeit:

- Speisereste und -verpackungen im Auto lassen, nachdem Sie gegessen haben.
- Das Wechselgeld nicht in den Geldbeutel, sondern irgendwo in die Jackentaschen tun.
- Mäntel und andere Kleidung nach dem Ausziehen nicht aufhängen.
- Schmutzige Wäsche nicht sofort in den Wäschekorb werfen.
- Werkzeug nach getaner Arbeit nicht wegräumen.

Bedenken Sie: Sie sparen dadurch niemals Zeit, denn früher oder später müssen die Sachen ja doch aufgeräumt werden.

Dazwischen aber entsteht möglicherweise ein Chaos, das Ihnen das Leben unnötig schwer machen kann.

Wie Sie durch eine Stoppuhr ordentlicher werden

Viele Messies fühlen sich gehetzt. Angesichts der vielen Aufgaben, die auf sie warten, sagen sie zu dem vor ihnen liegenden Job „jetzt nicht!" – und überschätzen die Zeit, die seine Erledigung benötigt. Ich rate deshalb, dass Sie mit dem Küchenwecker oder einer Stoppuhr messen, wie viel Zeit die Arbeiten dauern, um die Sie sich drücken, weil Sie sie nicht gerne tun. Wenn Sie entdecken, dass es nur 20 Sekunden dauert, die Jacke in den Schrank zu hängen, werden Sie in Zukunft bereitwilliger darangehen. Das Saugen eines Zimmers dauert vier, ein Herrenhemd zu bügeln etwa drei Minuten.

Das 30-Sekunden-Prinzip

Um die Durchhaltemüdigkeit zu bekämpfen, wenden Sie das 30-Sekunden-Prinzip an: Wenn die Fertigstellung einer Tätigkeit 30 Sekunden oder weniger dauert, dann erledigen Sie ihn sofort. Wenn Sie diese Regel beherzigen, werden Ihr Auto und Ihr Haus bald aufgeräumter aussehen – und dann auch so bleiben.

2. Für einfach schönes Wohnen

2.1 Vereinfachen Sie Ihre Küche

Misten Sie aus

Entsorgen Sie Überflüssiges – alles, was Sie ein Jahr nicht benutzt haben; Nahrungsmittel mit abgelaufenem Haltbarkeitsdatum; Tassen ohne Untertasse und Kannen ohne Deckel usw.

Lagern Sie aus

Küchengeräte, die nur alle zwei Monate (oder seltener) benutzt werden, wandern in Keller oder Kammer: Waffeleisen, Raclettegrill usw. Ebenso Festtagsgeschirr oder zusammengewürfelte Gläser, die nur bei Feten benötigt werden.

Bauen Sie um

Clever: Die Besteckschublade so platzieren, dass die Person, die den Tisch deckt, den Koch nicht behindert. In die unmittelbare Nähe des Herdes gehören Kochlöffel & Co. Neben dem Kühlschrank und über der Spülmaschine sollte unbedingt eine freie Ablagefläche sein.

Die Plastik-Lawine

Tiefkühlboxen, Tupperdosen und andere Kunststoffbehälter haben die Tendenz, sich im Lauf der Jahre sehr zu vermehren. Sondern

Sie vergilbte, angerissene und unbenutzte aus. Faustregel: Sie benötigen nur halb so viele, wie Sie bisher gehortet haben.

Die Themen-Boxen

Fassen Sie Dinge zu sinnvollen Gruppen in Behältern zusammen. Beispiele: Wurst, Käse und Gurken fürs Abendessen im Kühlschrank; Backpulver, Vanillezucker, Soßenpulver im Essensregal; Honig, Marmelade, Schokocreme fürs Frühstück in einem Körbchen; ebenso einer für Teebeutel und Tees; unter der Spüle eine offene Box mit Putzmitteln und eine mit Blumendünger.

Die Arbeitsplatte

... heißt so, damit Sie dort arbeiten können – nicht, damit Sie Gegenstände dort „dauerparken". Hängen Sie mit Klebe- oder Schraubhaken möglichst viel an die Wand: Spülbürste (über die Spüle), Topflappen (neben den Herd).

Die fünffach Benutzten

Kaffeebecher, Trinkgläser und kleine Löffel werden im Durchschnitt fünfmal so häufig gebraucht wie andere Utensilien. Schaffen Sie von diesen Gegenständen mindestens doppelt so viele an wie von den übrigen. Dann müssen Sie nicht Löffel und Gläser „schnell mal von Hand" abspülen, weil sie Ihnen ständig ausgehen.

Der Farb-Glas-Trick

Halten Sie verschiedenfarbige Trinkgläser für den Alltag bereit, für jedes Familienmitglied eine bestimmte Farbe. Dann kann jeder tagsüber sein Glas mehrmals benutzen, anstatt jedes Mal ein frisches zu nehmen und die Spülmaschine zu überfrachten.

Platzsparer

Wenn Sie eine recht kleine Küche haben, nutzen Sie alle Tricks: Tassenhaken an der Unterseite eines Zwischenbodens im Schrank, Drahtkörbe für Obst und Gemüse aufgehängt an der Unterseite von Hängeschränken, häufig benutzte Kaffeebecher auf ein schmales Regal unter einem Oberschrank, Siebe und vieles andere, was sich aufhängen lässt, an Haken auf der Innenseite von Schranktüren.

Tipp

- Räumen Sie eine Schublade frei für alles, was bisher keinen Platz hatte: Klebefilm, Taschenlampe, Quittungen, Rabattmarken usw. Sagen Sie dazu „**simplify**-Schublade" und erklären Sie allen Haushaltsmitgliedern, dass hier alles hineinkommt, was herumliegt. Dann weiß jeder, wo er zuerst suchen sollte.

2.2 Einfacher einkaufen

Wie Sie Ihre Besorgungen in der halben Zeit erledigen

Einer der größten Zeitfresser ist das Einkaufen. Wenn Sie unorganisiert loslegen, schaffen Sie sich Probleme:

- Sie bleiben zu lange im Geschäft, weil Sie beim Suchen unnötig hin- und herlaufen.
- Sie kaufen Dinge, die Sie nicht brauchen, verschwenden Geld.
- Sie vergessen Artikel, müssen noch einmal los und vergeuden dadurch Zeit.

Die britische Gesellschaft für Haushaltsorganisation hat das Verhalten von Kunden in einem Supermarkt untersucht und herausgefunden: Die Einkaufszeit lässt sich durchschnittlich um gut 15 Minuten verkürzen, wenn Sie strukturiert vorgehen. Hier der Schlüssel zu einem Zeit sparenden und einfachen Einkauf.

1. Suchen Sie sich einen Stammsupermarkt

Schon nach kurzer Zeit wissen Sie, wo in diesem Geschäft welche Artikel stehen. Neben dem Zeitsparen können Sie sich noch weitere Vorteile verschaffen, wenn Sie aktiv werden und das Personal kennen lernen. Fragen Sie eine Stammkassiererin nach ihrem Namen. Verraten Sie auch Ihren eigenen Namen. Sagen Sie, daß Sie gern hier einkaufen. Wenn Sie einmal eine Reklamation haben oder einen Sonderwunsch, wird man Ihnen unkompliziert und gerne helfen. Fragen Sie auch nach den Zeiten, an denen im Laden am wenigsten los ist, und kaufen Sie möglichst dann ein.

2. Schreiben Sie eine gut strukturierte Einkaufsliste

Hier ist ein Beispiel. Es zeigt den schematischen Aufbau des Marktes. Unten ist Raum für Einkäufe in anderen Läden. Fertigen Sie sich ein solches

Schema für Ihren Stammladen an; fotokopieren Sie es, und benutzen Sie nur noch dieses Blatt als Einkaufsliste.

Wählen Sie einen geeigneten Aufbewahrungsort für diese Liste. Legen Sie einen Stift daneben, und notieren Sie dort alles, was Ihnen im Laufe des Tages einfällt. Auch die anderen Familienmitglieder können hier (an der richtigen Stelle!) ihre Wünsche eintragen.

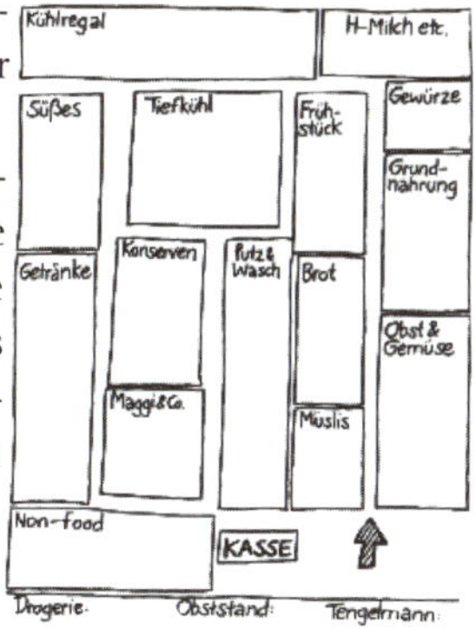

3. Kaufen Sie nicht jeden Tag ein

Viel Zeit können Sie sparen, wenn Sie nicht täglich einkaufen gehen. Haushaltsexperten empfehlen nur einen Großeinkauf pro Woche, dazu ein oder zwei kleine Einkäufe für Frischwaren.

2.3 Das wunderbare Schlafzimmer

Kleine clevere Tipps für Ihren intimsten Raum

Ein guter Startpunkt fürs Aufräumen ist das Schlafzimmer. „Warum?“, fragen viele, „da kommt doch nie jemand Fremdes rein“.

Ihr Schlafzimmer symbolisiert jedoch Ihren innersten, sehr persönlichen Bereich. Wenn in Ihrem Zentrum Ordnung herrscht, kann sie sich von dort auf den Rest der Wohnung ausbreiten. Außerdem wirkt sich ein gemütliches Schlafzimmer positiv auf Ihre Beziehung aus – Sie werden Ihren Partner leichter zum Mitstreiter in Sachen Vereinfachung und Entrümpelung gewinnen.

Optisch beruhigen

Legen Sie sich auf Ihr Bett und sehen Sie sich um. Gucken Sie auf offene Regale, Stühle voller Klamotten oder andere Störfelder? Räumen Sie so um, dass Sie vom Schlafplatz auf ruhige, angenehme Dinge blicken. Ideal ist es, wenn Sie vom Bett aus durchs Fenster auf ein Stück freien Himmel schauen können. Das ist gut für Ihre Seele, selbst wenn der Himmel wolkenverhangen sein sollte.

Kuschelzonen schaffen

Statten Sie Ihr Bett mit einer gepolsterten Rückwand aus (im Notfall genügen ein paar Kissen, mit Schlaufen an die Wand gehängt). Dadurch verwandeln Sie Ihre Schlafstätte in einen Platz, an dem Sie gerne etwas lesen, Musik hören oder ein Tässchen Tee genießen wollen – und das nicht nur am Abend.

Tipp

- Besorgen Sie sich ein Tablett mit hohem Rand, dann können Sie Tasse, Knabbereien und andere Utensilien problemlos neben sich auf der Matratze abstellen.

Mit Licht zaubern

Eine Deckenlampe ist der perfekte Stimmungstöter, selbst wenn Sie den Totalstrahler nur anmachen, um etwas zu suchen. Ersetzen Sie die eine große Lichtquelle durch mehrere kleine. In Sachen Erotik ist die Beleuchtung häufig ein (unbewusster) Streitpunkt: Er möchte sie sehen, sie will aber nicht im grellen Licht liegen (oder umgekehrt). Sorgen Sie daher für eine Kerze oder eine sehr schummrige Lampe, z. B. eine Glühlampe mit wenig Watt. Das ist nicht nur Gold wert bei der Liebe, sondern auch praktisch, wenn ein Partner nachts aufsteht und eine Lichtquelle benutzen kann, die den anderen nicht gleich aufweckt.

Bettfedern atmen lassen

Der altmodische Brauch, die ausgeschüttelten Oberbetten ein paar Stunden im offenen Fenster oder auf dem Balkon liegen zu lassen, ist ausgesprochen gesund. Über zehn Millionen Milben wohnen durchschnittlich in einem Bett. Lüften Sie ausgiebig, lassen Sie Sonnenlicht ins Schlafzimmer und senken Sie damit die Luftfeuchtigkeit, dann werden die Lebensbedingungen für diese winzigen Spinnentiere weniger einladend. Der federleichte Milbenkot wird beim Schlafen aufgewirbelt, gelangt in Ihre Atemwege und kann unangenehme Allergien auslösen. Zehn Prozent des Gewichts eines fünf Jahre alten Kopfkissens besteht aus lebenden und toten Milben sowie deren Ausscheidungen! Leisten Sie sich daher regelmäßig eine professionelle Bettfedernreinigung.

Notieren statt grübeln

Lernen Sie vom Hotelzimmer: Da liegt immer ein kleiner Block mit Stift neben dem Telefon auf dem Nachttisch. Das mit dem Telefon müssen Sie nicht nachahmen (es ist sehr angenehm, in einem Raum der Wohnung einmal nicht erreichbar zu sein), wohl aber den Notizblock. Wenn Sie abends noch eine Idee haben oder sich Sorgen machen. Halten Sie das schriftlich fest. Dann raubt es Ihnen nicht den Schlaf.

Die Nacht vorbereiten

Noch eine Übernahme aus der Welt der altmodischen Grand-Hotels: Bereiten Sie am frühen Abend Ihr Bett für die Nacht vor: Kissen aufschütteln, etwas Schönes zum Lesen hinlegen, Wasser bereitstellen usw. Wenn Sie zu denen gehören, die abends nicht ins Bett finden – mit diesem kleinen Kniff wird es Ihnen leichter fallen!

Tipp

⇨ Überraschen Sie Ihren Partner, indem Sie auch sein Bett vorbereiten.

2.4 Ideen fürs Kinderzimmer

Schlafen wie Dornröschen

Kinder lieben es, unter einem Betthimmel zu schlafen. Die Wirkung ist groß, der Aufwand gering: Dübeln Sie einen Haken an die Decke über dem Bett, und ziehen Sie dort ein normales, tüllähnliches Moskitonetz durch. Ein kleines Mädchen erfreuen Sie möglicherweise, wenn Sie kleine rosa Papierröschen in das Netz steckenn (gibt es in den Bastelabteilungen von Kaufhäusern und großen Gartencentern).

Der Lego-Bändiger

Wenn Sie Kinder im typischen Lego-Alter zwischen vier und zehn haben: Verzichten Sie auf das Zeit raubende Sortieren der Steine in Kisten und Schachteln (das meist an den Eltern hängen bleibt). Stellen Sie in eine Zimmerecke einen einfachen Sandkastenstecksatz mit Sitzrahmen aus Holz (im Baumarkt). Am Abend werden alle Bausteine in dieses „Legoland“ zurückgeworfen. Auch (halb)fertig gebaute Kunstwerke bleiben innerhalb des Rahmens.

Ein Puppenkleiderschrank in 3 Minuten

Schrauben Sie eine Wandstange (gibt's in Kaufhäusern oder Baumärkten beim Küchenzubehör) von unten an ein Regalbrett. Nehmen Sie zum Kauf einen Puppenbügel mit, damit Sie keine zu dicke Stange kaufen. Nun kann Ihr Kind kleine Puppenkleiderbügel daran hängen und fertig ist der Puppenkleiderschrank Marke „extra breit“.

Wer es ganz schön möchte, kann noch eine kleine Vorhangschiene davor anbringen. In den Regalböden darunter und darüber kann Ihr Kind eine Puppenwohnung (mit Möbeln aus Schachteln und Schuhkartons) improvisieren.

Das verwandelte Bilderbuch

Wenn Sie im Kinderzimmer nicht nur knallbunte Poster sehen wollen, zerlegen Sie ein schönes Bilderbuch. Damit kommen Sie günstiger weg als mit dem Kauf einzelner Bilder. Am besten wirkt eine Sequenz von drei, vier Bildern. Preiswerte Rahmen aus Holz gibt es im Baumarkt bei Ikea, häufig auch als Sonderangebot im Fotohandel. Nehmen Sie zum Rahmenkaufen die Bilder mit, damit Sie das bei den Rahmen meist mitgelieferte Passepartout verwenden können. Eignet sich auch als Geschenk zur Geburt oder Taufe.

VerSchluss-Sache

Lagern Sie die Spielsachen Ihres Kindes nicht nur in offenen Regalen. Packen Sie so viel wie möglich in einen abschließbaren Schrank. Damit schaffen Sie mehr Ruhe im Raum. Vereinbaren Sie mit dem Kind, dass es alle Spielsachen aus diesem Schrank nach dem Spielen dorthin zurücktut, bevor es etwas Neues daraus bekommt. Die einzelnen Spielsachen bleiben dadurch attraktiver.

Tipp

⇨ Packen Sie einen großen Schuhkarton mit besonders schönen Büchern, Comics, Märchenkassetten und Spielsachen, die einem kranken Kind im Bett allein die Zeit vertreiben können. Heben Sie die Schachtel in Ihrem Kleiderschrank ganz oben auf. Nur im Krankheitsfall verwenden, damit sich die Dinge nicht „abnutzen".

2.5 Die simplify-Mappen

Nutzen Sie die Tricks der Büro-Profis zu Hause

Erstaunlich viele Menschen, die an ihrem Arbeitsplatz mit praktischen Organisationsmitteln arbeiten, sind noch nie auf die Idee gekommen, diese auch zu Hause einzusetzen ...

Profi-Trick 1: Registermappe 1-31

Die in jedem Bürohandel erhältliche Registermappe 1-31 enthält 31 Fächer, je eins für jeden Tag des Monats. Dort hinein kommen im Voraus Unterlagen, die Ihnen dann an einem bestimmen Tag des

Monats sofort zur Verfügung stehen. Sie suchen nie wieder nach termingerechten Unterlagen. Hier fünf Beispiele:

- Theater- und Konzertkarten
- Einladungen mit Anfahrtsbeschreibungen
- ausgefüllte Formulare, die Sie zu Terminen bei Ämtern, Versicherungen, Vereinen und anderen Institutionen mitnehmen müssen
- Flugscheine, Fahrkarten und andere Unterlagen für den Starttag Ihres Urlaubs
- Ihr Einkaufszettel für den Großeinkauf am nächsten Samstag
- Passfotos und Bescheinigungen, die Sie zum termingerechten Kauf von Monats- oder Saisonkarten zur Hand haben müssen (Schwimmbad, Fitness-Studio, öffentliche Verkehrsmittel)
- fertige Briefe, die Sie an einem bestimmten Tag absenden möchten
- ausgefüllte Zahlungsbelege, die Sie an einem bestimmten Tag zur Bank bringen wollen
- Aktivitäten, die Sie an einem bestimmten Tag in Wohnung, Haus oder Garten vornehmen möchten
- Ihre Ideen- und Materialsammlung für die nächste Sitzung eines Vereins oder Clubs, dem Sie angehören

Nicht ohne meinen Kalender!

Die Registermappe 1-31 ersetzt nicht Ihren Terminkalender, sondern stellt Ihnen nur alles Verfügung, was Sie zu jedem eingetragenen Termin benötigen.

Im Terminkalender eingetragene Ereignisse, zu denen Sie Unterlagen in Ihrer 1-31-Mappe bereithalten, sollten Sie kennzeichnen. So wissen Sie sofort: „Aha, da ist noch was."

Die Registermappe leert sich im Laufe des Monats; die leeren Fächer können Sie nun für die Tage des folgenden Monats nutzen. Am 14. Mai enthalten die Fächer 1 bis 13 also die Unterlagen für den 1. bis 13. Juni.

Profi-Trick 2: Registermappe A-Z

In der ebenfalls im Bürohandel erhältlichen Registermappe A-Z bringen Sie allerlei Kleinkram unter, den Sie bislang vielleicht aus Schubladen oder verstreuten Lagerstätten heraussuchen mussten. Deshalb eignet sich diese Mappe mit alphabetischer Unterteilung bestens zur übersichtlichen Ablage von Papier, das Sie täglich, wöchentlich, monatlich oder mindestens einmal jährlich zur Hand nehmen, z. B.:

- A wie Adressaufkleber
- B wie Briefmarken
- C wie CD-Tipps für den nächsten Einkauf
- F wie Fahrkarten und/oder Freistellungsaufträge
- G wie Geschenkideen
- H wie Haushaltsplan
- I wie Internetadressen, die Sie demnächst neu besuchen möchten
- P wie Passfotos
- U wie Urlaubs-Checkliste und gesammelte Tipps für das geplante Urlaubsziel

So nutzen Sie die A-Z-Mappe optimal

Überfordern und überfüllen Sie Ihre A-Z-Mappe nicht, sonst ist der schnelle, Zeit sparende Alltagsnutzen bald dahin.

Nicht hinein gehören Papiere, die Sie weniger als einmal jährlich brauchen, zum Beispiel langfristige Dokumente wie Verträge und Abonnements.

Wenn Sie mehrere Posten unter demselben Buchstaben haben, sollten Sie diese mit Klarsichthüllen (seitlich offen für den schnellen Zugriff) voneinander trennen.

Tipps

Tipps gegen hässliche Flecken:

- **Fettflecken** mit Mehl oder Babypuder bestreuen, einwirken lassen und abklopfen. Nach zwei bis drei Behandlungen ist alles raus.
- **Frische Grasflecken** reibt man mit verdünntem Salmiakgeist (1:1) oder mit Weingeist ein. Anschließend mit klarem Wasser nachspülen. Bei robusten Stoffen kann man die Flecken mit Gallseife (notfalls Spülmitttel) sowie etwas Wasser einbürsten und dann in die Waschmaschine stecken. **Trockene Grasflecken** nie mit Wasser bearbeiten, sondern Spiritus verwenden.
- **Schweißflecken** zuerst in warmem Essigwasser einweichen, dann wie gewohnt waschen.
- **Obstflecken** mit heißem Wasser vorbehandeln (die zulässige Waschtemperatur steht auf dem Etikett), dann mit warmem Alkohol betupfen und mit klarem Wasser ausspülen. Alternative bei Blaubeeren und anderem stark färbenden Obst: Essig oder Zitronensaft auf den Fleck träufeln und nach dem Einwirken mit kaltem Feinwaschmittel ausreiben.
- **Blut** am besten erst mit kaltem Wasser auswaschen. Dann mit warmer Waschmittellösung nachbehandeln.
- **Wachsflecken** lassen sich mit Toiletten- oder Löschpapier herausbügeln.

3. Der simplify organisierte Arbeitsplatz

3.1 Faktor 1A: Schreibtischmanagement simplify

Das simplify!-Prinzip für jeden Platz, an dem gearbeitet wird

„Ich weiß gar nicht mehr, wo ich anfangen soll!", stöhnen viele beim Blick auf ihren Schreibtisch. Alles ist „zu". Überall, so scheint es, liegen unbearbeitete Papiere. Das drückt die Stimmung. Der „zugemüllte" Schreibtisch ist ein weit verbreitetes Phänomen. Nicht nur in Büros hemmen überfüllte Arbeitsflächen die Motivation - auch am Fabrikarbeitsplatz in der Fertigung, auf der Arbeitsplatte in der Küche, auf dem Schreibtisch eines Schulkinds.

„Wo soll ich anfangen?"

Hier hilft eine Analyse der genauen Situation auf Ihrer Arbeitsfläche, und dazu bedarf es eines kurzen Ausflugs in die Welt der Immobilien. In Fußgängerzonen werden in wirklich erstklassigen Lagen sehr hohe Mieten verlangt. Die Bezeichnung für solche Lagen lautet 1A. Die Platzierung ist entscheidend. Hier ist der Kundenstrom am stärksten, hier ist der Zugang am bequemsten, hier ist für die meisten Branchen der Umsatz garantiert.

An den teuersten Stellen

Auch auf Ihrem Schreibtisch gibt es 1A-Lagen: Flächen, die Sie stets vor Augen haben, die bequem zu erreichen sind und an denen viel passiert. Wenn diese Flächen durch abgelagerte Papierstapel blockiert sind, ist auch Ihre Arbeitslust blockiert. Wenn die 1A-Lagen aber frei sind und genutzt werden können, werfen sie maximalen Gewinn ab.

Schluss mit den Verkehrshindernissen!

Wo liegen an Ihrem Arbeitsplatz die 1A-Zonen? Auf einem Schreibtisch oder in der Küche sind es die etwa 70 x 50 cm große Arbeitsfläche sowie die drei angrenzenden 1A-Zonen dahinter und daneben. Weitere klassische 1A-Lagen:

- der Raum vor dem PC-Bildschirm sowie links und rechts von der Tastatur
- in der Fertigung einer Fabrik alle mit ausgestreckten Armen erreichbaren horizontalen Flächen
- in der Küche die Arbeitsplatte neben dem Herd
- im Eingangsbereich einer Wohnung die erste erreichbare horizontale Ablage

Nutzen Sie die 1B-Abstellflächen

Wenn Sie den hohen Wert Ihrer 1A-Flächen einmal erkannt haben, werden Sie sie fast automatisch frei räumen von Gerümpel, traditionellem Ballast („das stand aber immer da“) und allem, was „keinen Umsatz macht“. Wenn in der 1A-Lage etwas dauerhaft steht, schadet das Ihrer Kreativität und Ihrer Motivation. Auf 1A-Flächen dürfen nur Dinge liegen, die dort bald wieder wegkommen, weil sie rasch erledigt werden. Im Handel nennt man das „Schnelldreher“.

Was länger als zwei Tage in einer 1A-Zone liegt, muss unbedingt dort verschwinden. Es gibt genügend „billigere“ Lagen rund um jeden Arbeitsplatz (im Immobilienbereich nennt man sie 1B), die Sie großzügig mit Hängeregistern, Regalen und anderen sinnvollen Aufbewahrungsmöglichkeiten ausstatten sollten.

Checkliste

- Setzen oder stellen Sie sich an Ihren Arbeitsplatz. Deuten Sie auf die unentbehrlichen Gegenstände Ihres Schreibtischs (bzw. Arbeitsplatzes), also Telefon, PC usw.
- Legen Sie Ihre Handflächen auf die 1A-Lagen Ihres Arbeitsplatzes.
- Falls erforderlich, räumen Sie diese Flächen frei. Jetzt sofort.
- Schaffen Sie Ablagemöglichkeiten in den Nebenlagen.
- Nutzen Sie diese neuen Aufbewahrungsplätze für alles, was sich nicht schnell umsetzt.
- Räumen Sie jeden Abend die 1A-Lagen wieder frei für den Ansturm des nächsten Tages.

3.2 Hängemappen: Für Papier allein zu schade

Hängeregister als wertvolle Organisationshilfe

Wenn Sie ausschließlich eingegangene Schriftstücke in Ihren Hängemappen lagern, verzichten Sie auf eine wertvolle Organisationshilfe. Denn vieles, was unübersichtlich in Schubladen, Kästen und Regalen liegt, können Sie übersichtlich in Hängemappen unterbringen. Hier drei erprobte **simplify**-Vorschläge:

Wo sind die Schildchen?

Nach den kleinen Beschriftungsschildchen und Reitern von Hängemappen brauchen Sie nie wieder zu suchen und in Schubladen zu kramen, wenn Sie diese in einer separaten Hängemappe aufbewahren (Typ „seitlich geschlossen“). Einfach mit „Schildchen“ beschriften, füllen und unter „S“ einhängen.

Wo sind die Grußkarten?

Vereinfachen Sie Ihre Vorratshaltung fürs berufliche oder private Büro: Aktendeckel, Briefumschläge und -marken, Paketkarten, Überweisungsvordrucke, Grußkarten, Schreibblocks sowie vieles mehr können Sie in der Hängeablage sauber und zugleich übersichtlich verschwinden lassen. Das funktioniert sogar bei Heftstreifen, Druckertinte und kleinen Faxrollen (stehend, dann sehen Sie gleich, wann Sie etwas nachbestellen müssen). Für größere Gegenstände nutzen Sie spezielle Hängemappen mit extra breitem Boden. Achtung: Briefpapier, Plastikhüllen und anderes, was sich leicht biegt, sollten Sie nur dann hängend aufbewahren, wenn Schrank oder Rollwagen gut gefüllt sind, da sich die Mappen sonst aufspreizen und der Inhalt mit der Zeit wellig wird. Alternative: flache A4-Schubladen.

Wo ist der Schlüssel?

Auch den Zweitschlüssel für Keller, Aktenkoffer oder Tankdeckel und die selten gebrauchten Schlüssel für Ihre Urlaubs- oder Instrumentenkoffer können Sie in einem Hängeordner schnell und sofort auffindbar unterbringen. Nie mehr suchen, nie mehr kramen, nie mehr rumprobieren: Besorgen Sie sich im Bürohandel mehrere Klarsichthüllen mit aufgeschweißten Fächern („Visitenkartensammler") plus einige Klebe-Etiketten. Etikett beschriften, aufkleben, Schlüssel in die Hülle und ab in die Mappe „Schlüssel".

Tipp

⇨ Halten Sie in Ihrer Hängeregistratur stets ein paar Zentimeter mit leeren Hängemappen bereit. Damit ersparen Sie sich überflüssige Wege zum Händler oder (besonders in größeren Betrieben) den Gang ins Lager bzw. eine umständliche hausinterne Materialanforderung.

3.3 Das Ende der To-do-Liste

Schreiben Sie nicht alles auf, was Sie tun sollen

Viele von Ihnen benutzen ein Zeitplanbuch (mit der täglichen Spalte „Heute zu erledigen") oder schreiben sich separate Listen. Das ist ein wichtiger Schritt zu einem bewussten **simplify**-Leben. Noch näher am **simplify**-Ideal sind Sie allerdings, wenn Ihre To-do-Listen immer kürzer werden – weil Sie die meisten Dinge sofort erledigen!

Steigen Sie um aufs Sofortsystem

Ein typisches Beispiel ist Ihre tägliche Post. Sie öffnen die Briefe und bilden Häufchen: wegwerfen, weitergeben, selbst erledigen.

Da gibt es Antwortbriefe zu verfassen oder Formulare auszufüllen. Das könnten Sie gut sofort erledigen – beim ersten Anlesen des Schreibens. Sobald Sie dafür jedoch irgendwelche Informationen benötigen, landet die frisch begonnene Aufgabe meist auf einem Stapel: Zeitpunkt der weiteren Verarbeitung auf unbestimmt verschoben.

Beherzigen Sie die 3-Minuten-Regel

Setzen Sie sich als Zeitlimit drei Minuten, und betrachten Sie die Sofort-Erledigung der Aufgabe als sportliche Herausforderung: „Wenn ich die erforderlichen Infos innerhalb der nächsten drei Minuten bekomme, erledige ich die Angelegenheit sofort!"

In drei Minuten lässt sich allerhand schaffen: ein Anruf, nachschlagen in einem Ordner, im Internet suchen. Auch die meisten Entscheidungen können Sie gut und gerne innerhalb von drei Minuten treffen: kurze Nachfrage bei einem Kollegen, und Sie wissen, welche Kaffeemaschine angeschafft wird.

Machen Sie „postwendend" zu Ihrem Lieblingswort

Wenn Sie einen Brief sofort beantworten, spielt die Qualität Ihrer Antwort eine untergeordnete Rolle. Der Absender ist beeindruckt von Ihrer Verlässlichkeit ,und die Sache ist erledigt. Besonders bequem funktioniert das bei E-Mails. Der Nachteil dabei ist allerdings, dass Ihre Instant-Antwort meist erwartet wird und Sie damit nicht mehr besonders punkten können.

Tu's gleich!

In drei Minuten können Sie vor allem viele Dinge selbst erledigen, deren Delegation auch jeweils mindestens drei Minuten dauern würde. „Tu es selbst!" ist (neben dem notwendigen Delegieren langwieriger Arbeiten) ein wichtiges **simplify**-Prinzip.

Das goldene Büchlein

Das Sofortsystem ist pures Gold wert, wenn Sie es zum Notieren Ihrer Einfälle nutzen. Berühmte Künstler jeder Richtung (Maler, Autoren, Komponisten, Philosophen) hatten meist in jeder Lebenslage ein Notizbuch zur Hand, in dem sie ihre spontanen Einfälle festhielten. Wenn Sie Ihren Zeitplaner als Ideenspeicher benutzen, sollten Sie ihn immer bei sich haben.

Die goldene Datei

Eine moderne Version des goldenen Ideenbüchleins ist eine Datei namens „Ideen.doc", die Sie bei der Arbeit mit Ihrer Textverarbeitung stets geöffnet halten. Manche PC-Benutzer wissen gar nicht, dass Sie mit Word und allen anderen Schreibprogrammen immer mehrere Dateien gleichzeitig bearbeiten können.

Mit der Tastenkombination Strg+F6 schalten Sie schnell zwischen den einzelnen Texten hin und her (oder über den Punkt „Fenster" in der Menü- leiste). Dadurch ist Ihr elektronisches Notizbüchlein nie mehr als einen Tastendruck entfernt! Diese Technik sollten Sie auch nutzen, wenn Sie an einem Vortrag, einem Artikel, einer

Predigt o. Ä. arbeiten. Sobald Sie während einer anderen Aufgabe am PC einen Gedanken dafür bekommen, können Sie ihn per Strg+F6 sofort dort hineinschreiben, wo er hingehört. Die geöffnete Datei erinnert Sie außerdem daran, an dem Projekt kontinuierlich weiterzuarbeiten.

3.4 Geheimnisvolle Stauräume

Dinge platzsparend und sinnvoll unterbringen

„Mein Büro ist einfach zu klein." - „Meine Wohnung ist winzig, und ich kann ja nicht alles wegwerfen." Manchmal muss man kleine Wunder vollbringen, um neue Aufbewahrungsorte zu erschließen. Hier sind die bewährtesten:

Verschieberegale

Die Firma Lundia bietet zu ihren leichten und stabilen Naturholzregalen ein Schienensystem an, mit dem Sie auf einer Wandfläche von drei Metern fünf Meter Regalfläche unterbringen. Die Regale stehen dabei in zwei Reihen, und die vorderen lassen sich vor den hinteren verschieben.

Aktenordner im Zickzack

Der Querschnitt eines normal gefüllten Ordners ist dreieckig: Vorne (beim Griffloch) ist er breiter als hinten. Wenn Sie Ordner abwechselnd mit dem Rückenschild nach vorne und nach hinten ins Regal stellen, lassen sich bis zu 40 % mehr von ihnen unterbringen. Das hat natürlich nur Sinn bei seltener benutzten Akten, bei denen sich der Inhalt der nicht sichtbaren Rücken erschließen lässt, etwa bei Steuerunterlagen vergangener Jahre.

Ordnerdrehsäulen nutzen den dreieckigen Querschnitt von Ordnern ebenfalls recht pfiffig aus. Ist die Säule mit Rollen versehen, lässt sie sich vor einem anderen Regal hin- und herschieben.

Tipp

- Clever, aber eine Art Nirwana für schriftliche Unterlagen: Was Sie einmal in der zweiten Reihe verstaut haben, vergessen Sie leicht für immer. Tipp: Bei selten benutzten Nachschlagewerken können Sie einige Bände davon hinter den anderen parken. Denn falls Sie eines Tages den Band R-Z nicht finden, werden Sie sich erinnern, dass er sich hinter den anderen befindet.

Schranktüren als Pinnwand

Nutzen Sie die großen Flächen von Schranktüren, um häufig benötigte Informationen dort anzubringen. Besonders praktisch sind Metallschränke, an denen Sie mit Magneten schnell Papiere befestigen können. Achten Sie darauf, veraltete Informationen sofort zu entfernen.

Schranktüren innen

Bei Büro- und Küchenschränken bleibt zwischen Tür und Regalbrettern meist noch Raum genug für schmale Körbe oder Schachteln, die Sie an die Innenseite der Türen schrauben können. Hier lassen sich Kleinteile übersichtlich aufbewahren.

Der Platz „drüber“

Ein Regalbrett über der Zimmertür (aus Naturholz, damit es sich nicht durchbiegt) bringt einen zusätzlichen Meter Stauraum für Akten oder Bücher. Andere manchmal übersehene Plätze in der Höhe: über dem Kopierer, über der Kaffeemaschine.

Unter Regalen

Die meisten Regalsysteme haben eine etwa sechs Zentimeter hohe Sockelleiste. Wenn Sie die entfernen, lassen sich dort Verbrauchsmaterialien wie Kopierpapier oder Faxrollen verstauen.

3.5 Briefe in Dosen: schnelle Postbearbeitung

So beantworten Sie Ihre Post schneller und lustvoller

Sicher gibt es bestimmte Arten von Briefen oder E-Mails, die Sie besonders ungern schreiben. Vielleicht haben Sie schon einmal davon geträumt, ein Reservoir von Formulierungsbausteinen zu haben, mit dem Sie computergestützt passende Schreiben für alle gelegenheiten zusammenstellen können. Aber immer fehlte die Zeit, ein solches System zu entwickeln. Schluss mit übertriebenen Träumen! Hier kommt die überraschend einfache Lösung!

Die Schätze liegen bereits auf Ihrer Festplatte

Richten Sie in Ihrem PC ein leicht erreichbares Verzeichnis namens „Dosenbriefe" ein. Danach sehen Sie sich Ihre gespeicherten Briefe an. Am schnellsten geht das bei Word in dem Fenster, das beim Befehl *Datei öffnen* erscheint. In der Menüleiste klicken Sie auf den Pfeil neben dem zweiten Symbol von rechts (*Ansichten*) und wählen *Vorschau*. Dann wird rechts in einem Fenster der Inhalt jeder Datei schnell angezeigt, die Sie links einfach anklicken. Ist ein Brief dabei, den Sie für gelungen halten, öffnen Sie die Datei.

Aus einer Briefkopie wird eine Ideenvorlage

Löschen Sie die Anschrift und die Anrede des Briefs und speichern Sie die Datei unter einem neuen Namen in Ihrem neuen Ordner „Dosenbriefe" ab. Geben Sie dem Brief dabei einen aussagekräftigen Namen: Veranstaltungsabsage, Geburtstagsgruß usw. Damit gibt es die Datei zweimal: unter dem alten Namen in dem bisherigen Ordner und mit dem aussagestarken Namen als Dosenbrief.

Gratulation - Sie sind gerade kreativ geworden!

Als Sie sich einen neuen Namen für die alte Datei ausdachten, haben Sie bereits den entscheidenden organisatorischen Schritt vollzogen: Sie haben herausgefunden, was an Ihrem alten Brief von allgemein gültiger Bedeutung für Ihre zukünftige Korrespondenz sein kann.

Indem Sie Ihre alten Schreiben auf diese Weise durchsehen und umbenennen, entsteht im Ordner „Dosenbriefe“ ganz von selbst eine Sammlung von Briefvorlagen für Ihre typischsten Situationen.

Neue Gewohnheiten erleichtern Ihr Leben

Nun sollten Sie sich nur noch angewöhnen, den Dosenbrief-Ordner zu öffnen, wenn Sie ratlos vor dem leeren Bildschirm sitzen.

Angenommen, Sie müssen einer Versicherung einen Schaden melden – vielleicht findet sich ja bereits ein Dosenbrief namens „Schadensmeldung“ in Ihrer Wundertüte. Öffnen Sie diese Datei, ergänzen Sie, was fehlt, und löschen Sie, was nicht zu gebrauchen ist. Das geht schneller, als das Ganze neu zu erfinden. Selbst wenn Sie am Ende doch kaum etwas von Ihrer Vorlage verwendet haben – mit einem Dosenbrief als „geistiges Geländer“ geht es einfach leichter von der Hand. Die „Angst vor dem leeren Bildschirm“ ist besiegt.

Ihre Speisekammer füllt sich

Speichern Sie den neu entstandenen Brief dort ab, wo Sie das üblicherweise tun (im Ordner „Versicherungen“ beispielsweise).

Gefällt Ihnen Ihre neue Version besser als die alte Vorlage, speichern Sie Ihr Schreiben zusätzlich im Ordner „Dosenbriefe“ unter dem Namen der alten Vorlage ab. Damit wird die alte Version ersetzt. Sind Sie sich nicht ganz sicher, wählen Sie als Dateinamen „Schadensmeldung2". So bleibt die alte erhalten, und Sie sehen später schon am Namen, welche die neueste Version ist.

Tipps

Der einfache PC:

- Vergessen Sie regelmäßige Sicherungskopien Ihrer wichtigsten Dateien nicht! Organisieren Sie die Festplatte Ihres PCs so, dass Ihre selbst verfassten Daten (Briefe, Texte, Listen) und die Programmdateien in getrennten Ordnern abgelegt werden. Dann ist es einfacher, nur die Daten zu sichern. Denn die großen Programmdateien können Sie im Notfall von den Original-Disketten oder -CDs neu installieren.
- Fertigen Sie auf dem PC einen Briefbogen, mit Ihrem Absender, Fax, Telefon und E-Mail, an. Dorthin, wo die Anschrift hinkommt, schreiben Sie das Wort „Anschrift". Auch eine allgemeine Anrede und eine Schlussformel kann Ihr Briefbogen schon enthalten. Nennen Sie diese Datei @BRIEF.DOC, dann steht sie bei „Datei öffnen" in der Liste immer an erster Stelle. Wenn Sie einen neuen Brief schreiben, öffnen Sie die @BRIEF-Datei, speichern sie sofort unter neuem Namen und verfassen den Brief. Natürlich geht das alles auch eleganter – aber so ist es wirklich einfach!
- Es gibt ausgeklügelte Techniken zur Verwaltung von Briefen. Hier die ganz einfache: Sie schreiben einen Brief an Dr. Kühnel und speichern ihn unter dem Namen des Adressaten ab (KÜHNEL.DOC). Wenn Sie ihm ein zweites Mal schreiben, öffnen Sie die Datei KÜHNEL.DOC, speichern sie sofort unter einem neuen Namen (am besten KÜHNEL2.DOC) und schreiben „über den alten Text drüber". Ihr Briefkopf, die Adresse und die Grußformel müssen nicht neu erstellt werden.

4. Tipps für ballastfreies Miteinander

4.1 Ein Freund, ein guter Freund ...

... das ist das Beste, was es gibt auf der Welt

Wir verraten Ihnen die wichtigsten Zutaten einer guten Freundschaft. Das brauchen Sie, um eine gute Freundin bzw. ein guter Freund zu sein:

Selbstannahme

Freunde nehmen den anderen wichtig, weil sie sich selbst wichtig nehmen. Erwarten Sie nicht von anderen, dass sie dazu da sind, Ihre innere Leere zu füllen. Sie sollten sich selbst aushalten und etwas mit sich anfangen können. Fragen Sie sich: Was sind meine eigenen Qualitäten, die ich in eine Freundschaft zur Freude eines anderen Menschen einbringen kann?

So geht's: Fragen Sie andere Menschen, was die an Ihnen mögen, und bitten Sie um ehrliche Antworten. Bestimmen Sie mindestens fünf Eigenschaften, die Sie an sich selbst schätzen. Das ist Ihr Basiskapital für Freundschaften.

Ebenbürtigkeit

Mit echten Freunden teilen Sie ein Wertesystem. Finden sich hier viele Übereinstimmungen, sind Sie einander ebenbürtig. Dann macht es nicht viel aus, wenn Geld, sozialer Status, Alter, Bildung und Temperament sehr unterschiedlich ausfallen. Hat der eine auf einem Gebiet mehr zu geben als der andere, sollte sich das durch eine Gabe ausgleichen, die nur der andere in die Beziehung einbringen kann.

So geht's: Überprüfen Sie Ihre wichtigsten Freundschaften: Wo ergänzt Sie ein Freund aufs Beste? Wer weiß Ihre guten Eigenschaften am meisten zu schätzen?

Abstand

Auch gegenüber Freunden haben Sie das Recht, sich abzugrenzen. Das gilt zeitlich, räumlich und inhaltlich. Gute Freunde müssen nicht ständig aneinander kleben oder alles zusammen machen. Lassen Sie sich nicht für etwas einspannen, das Sie ablehnen. Lassen Sie sich nicht in Tricksereien hineinziehen. Überfallen Sie den anderen nicht mit Ihren Wünschen, Plänen und Meinungen.

So geht's: Wer ist der aktivere Teil in Ihren Freundschaften? Übernehmen Sie von sich aus auch einmal die andere Rolle, damit mehr Balance entsteht. Der richtige Abstand stellt sich dann von selbst ein.

Offenheit

Was, wenn ein Freund etwas Unüberlegtes oder Falsches sagt, denkt oder tut? Setzt ein offenes Wort Ihre Freundschaft aufs Spiel? Echte Freundschaft erfordert einen Balanceakt zwischen ehrlicher Direktheit und taktvoller Zurückhaltung.

So geht's: Bleiben Sie sich selbst treu. Verbinden Sie eine freimütige Aussage immer damit, dass Sie selbst Fehler machen und sich auch jetzt irren können. Geben Sie Empfehlungen, niemals „gut gemeinte“ Anweisungen.

Diskretion

Freundschaft ist eine höchst private Angelegenheit, die Diskretion erfordert. Was Ihnen Persönliches anvertraut wurde, sollten Sie stets vertraulich behandeln.

So geht's: Tratschen Sie niemals weiter, was Ihre Freunde betrifft. Verführen Sie Freunde nicht dazu, Ihnen intime Details aus Ihren Partnerschaften oder internes Firmenwissen anzuvertrauen.

Zuverlässigkeit

Versprechen Sie Freunden nicht, was Sie nicht halten können. Machen Sie sich zum Grundsatz: „Verspreche nicht. Halte." Seien Sie bei Freundschaftsdiensten besonders korrekt.

So geht's: Rufen Sie regelmäßig an, verabreden Sie sich, nehmen Sie Anteil am Leben des anderen. Nutzen Sie Freunde nicht aus, wenn sie Ihnen etwas geliehen haben. Vereinbaren Sie ein Datum und geben Sie es zuverlässig wieder zurück.

Heiterkeit

Jeder Mensch hat Schwächen. Auch die besten Freunde treten mal in ein Fettnäpfchen. Gehen Sie über kleine Irritationen heiter hinweg und lachen Sie über sich selbst.

So geht's: Halten Sie nicht an verletzten Gefühlen fest. Wenn Sie etwas gekränkt hat, sprechen Sie es aus und lassen Sie es dann gut sein. Halten Sie Ihre Gespräche in einem heiteren Grundton. Jammern Sie nicht zu viel. Sorgen Sie dafür, dass Sie mit Ihren Freunden viele heitere Momente haben.

4.2 Schwester, Bruder, Solokind

Familienkonstellation prägt Persönlichkeit

„Bei der Wahl seiner Eltern kann man nicht vorsichtig genug sein“, spottete der Schriftsteller und Psychiater Paul Watzlawick. Ähnliches gilt für Geschwister. Je klarer Sie sich Ihre eigene Rolle dabei machen, desto besser sind Sie dagegen gefeit, in eingefahrene Verhaltensmuster zu verfallen. Die Psychologinnen Salome Zahn und Anja Lange haben typische Geschwisterfallen erforscht und geben Eltern und Kindern Hinweise, wie sie zu umschiffen sind.

Die älteste Tochter, der älteste Sohn

Sie werden gemeinhin als verantwortungsbewusst, zielstrebig und verlässlich gelobt. Weil sich die „Ersten“ besonders stark an Eltern und anderen Autoritätspersonen orientieren, gelten sie zuweilen als autoritätsgläubige „Streber“. Von Anfang an lernen sie aber auch, Rücksicht zu nehmen und andere zu beschützen. Deshalb gelten sie nicht selten als die Konservativen der Familie.

Schreien Sie nicht immer gleich „Hier!“, wenn Arbeitsaufträge verteilt und Dinge organisiert werden müssen. Partner, Freunde und Kollegen sollen auch zum Zug kommen. Falls Sie selbst mehrere Kinder haben: Gönnen Sie Ihrem Ältesten zwischendurch ein wenig Nesthäkchen-Wärme. Auch Große genießen es, einmal auf dem Schoß zu sitzen oder die Schuhe gebunden zu bekommen. Gleichzeitig sollten Sie ihnen vermitteln, dass die Kleinen im Haushalt ebenfalls Pflichten und Rechte haben.

Das Solokind

Kinder ohne Geschwister gelten als ähnlich verlässlich sowie an Erfolg und (erwachsenen) Autoritäten orientiert wie die Ältesten. Sie sind oft sehr selbstbewusst, was ihnen den Vorwurf von Verwöhntheit oder Egoismus einbringen kann. Noch stärker als Erstgeborene profitieren Einzelkinder davon, dass die elterliche Aufmerksamkeit und Zuwendung ganz auf ihnen ruht. Das macht sie leistungsfähig, setzt sie aber auch unter Erwartungsdruck.

Wie konnten Sie als Kind am besten Ihren Willen durchsetzen? Und wie tun Sie das heute? Überzeugen Sie hartnäckig mit Argumenten? Gelten Sie als Dickschädel? Wählen Sie als Erwachsener eine Methode, zu der Sie stehen können. Fragen Sie sich auch bei Ihrem eigenen Kind, auf welche seiner Verhaltensweisen Sie am ehesten reagieren (Weinen, Argumentieren, Trotzen, „Nerven“). Wollen Sie diese „Marotten“ tatsächlich honorieren?

Das Sandwich-Kind

Mittlere Kinder sind Vermittler. Sie gelten als diplomatisch, kooperativ und gelassen, manchmal auch harmoniebedürftig und konfliktscheu. Weil sich viele mittlere Kinder weniger von Erwachsenen als von Gleichaltrigen beeindrucken lassen, sehen einige Psychologen sie als geborene Rebellen, die ihre eigenen Wege gehen. Sie lernen von Anfang an, hartnäckig zu sein und sich durchzusetzen.

Selbst wenn Ihnen das Streitschlichten liegt: Fühlen Sie sich nicht bei jedem Konflikt zum Aussöhnen aufgefordert. Stehen Sie zu Ihrer eigenen Position, und die ist bestimmt nicht immer in der „Mitte“. Vermitteln Sie als Erziehende(r) Ihrem Sandwich-Kind, wie einzigartig es für sie ist. Versuchen Sie, zumindest einmal pro Woche eine Stunde exklusiv nur mit ihm zu verbringen.

Das Nesthäkchen

Wie die mittleren gelten auch jüngste Kinder als gesellig und charmant, sie lassen sich aber im Gegensatz zu den Sandwich-Kids gern verwöhnen. Sie haben häufig eine niedrige Frust-Toleranzschwelle, wenn einmal etwas nicht klappt. Dann neigen Nesthäkchen besonders schnell dazu, die Verantwortung bei anderen zu suchen.

Übernehmen Sie Verantwortung – etwa für die Organisation einer Fete oder für den Ablauf einer Vortragsreihe. Dadurch gewinnen Sie Erfahrung und Vertrauen in die eigene Leistung. Stärken Sie auch bei Ihrem eigenen Nesthäkchen die Eigenverantwortlichkeit, anstatt es über Gebühr zu beschützen. Denken Sie daran, was Ihr(e) „Große(r)“ im selben Alter alles schon allein gemacht hat.

4.3 Fitnessprogramm für Ihre Ehe

Handeln Sie, bevor es zu spät ist

Ungefähr sechs Jahre warten unglückliche Ehepaare meist, bevor sie professionelle Hilfe suchen – und dann ist es oft zu spät. Eheberater John Gottman aus Seattle rät: Handeln Sie vorbeugend!

Gefühlsökologie

Viele Ehepartner teilen sich ihre Gefühle in unausgewogener Weise mit: Entweder halten sie alle negativen Äußerungen zurück und spielen den Dauersonnenschein, oder sie beschränken sich aufs Kritisieren. Dabei kommt es auf die Mischung an. Ideal ist ein Verhältnis von fünf Teilen positive auf ein Teil negative Emotionen. Sprechen Sie Konflikte offen aus. Das stärkt den Zusammenhalt.

Was wär' ich ohne dich?

Fällt es Ihnen schwer, positive Aspekte an Ihrer Ehe zu finden? Das ist nach vielen Jahren Zusammenleben ganz normal. Sie brauchen sich dafür nicht zu schämen. Sammeln Sie gemeinsam mit Ihrem Partner diejenigen guten Beiträge in Ihrem Leben, die Sie jeweils dem anderen verdanken. Stellen Sie sich vor, wie viel schwerer/freudloser Ihr Leben ohne ihn/sie verlaufen wäre.

Die gute Kraft der Nostalgie

Sehen Sie sich alte Fotoalben an, und machen Sie sich klar, dass die dort festgehaltenen glücklichen Momente nur eine winzige Auswahl all Ihrer schönen Augenblicke sind. Auch alte Liebesbriefe zu lesen kann helfen. Ihr Gedächtnis ist nie objektiv; es kann nach vielen Ehejahren umschalten auf „Unsere Ehe war nur Unglück". Das stimmt aber nie.

Ärgern Sie sich in der Ich-Form

Üben Sie sich in der Kunst der sanften Konfrontation. Sagen Sie, was Sie stört, aber bleiben Sie beim Thema und bei Ihren Gefühlen. Kritisieren Sie Taten, nicht die Person. Vermeiden Sie Verallgemeinerungen und Abwertungen.

Fangen Sie Ihre Sätze mit „Ich“ an, dann wird daraus seltener ein Vorwurf als bei Sätzen, die mit „Du“ beginnen. Beispiel: Wenn er einen Termin vergessen hat, sagen Sie „Ich bin jetzt sehr traurig darüber, dass ich da heute Abend allein hin muss“ und nicht „Nie kümmerst du dich um meine Termine, weil du einfach ein sturer Egoist bist“. Vorsicht auch vor Superpauschalierungen: Bei „ihr Frauen“ wird Ihre Partnerin das immer als Angriff auf sich selbst verstehen.

Pflegen Sie die Höflichkeit

Machen Sie Ihre Witze so, dass Sie sich selbst mit einbeziehen. Damit lassen sich heikle Situationen am ehesten entschärfen.

Fragen Sie nach Ausgleich

Wenn Sie sich über ein Detail an Ihrem Partner aufregen („wäscht nie ab“), dann stellen Sie in Gedanken ein gleichwertiges Detail aus Ihrer Positivsammlung daneben („hat die Finanzen im Griff“).

Tipp

- Anstatt Konflikte zu verdrängen, machen Sie heute Abend mit Ihrem Partner eine Liste der Themen, bei denen Sie unterschiedlicher Meinung sind – und das auch bleiben dürfen. Sie müssen jetzt nicht mit Gewalt einen Streit vom Zaum brechen. Aber besonders in „Friedenszeiten“ kann das Klären der Unterschiede in einer Beziehung eine sehr befreiende Übung sein.

4.4 Die Schwiegermutter vereinfachen

Wie Sie unnötige Ehekonflikte vermeiden können

Einer Forsa-Studie zufolge scheitern 13 % aller Ehen allein an den Konflikten zwischen Schwiegertochter und Schwiegermutter. Viele dieser Tragödien hätten sich vermeiden lassen, wenn die folgenden Regeln beachtet worden wären.

Die Kunst der Balance

Eine Familie ist wie ein Mobile. Sobald jemand Neues dazukommt, muss es neu ausbalanciert werden. Hat sich ein Mann für eine feste Beziehung entschieden, treten zwei Frauen, die sich nicht gegenseitig ausgesucht haben, in eine enge Beziehung: seine Partnerin und seine Mutter. Bei Konflikten wirkt es, als sei es das Problem der beiden Frauen. In Wirklichkeit aber hat der Ehemann den Schlüssel zur Lösung in der Hand. Der Psychologe Wilhelm Johnen: „Hinter Konflikten mit der Schwiegertochter steckt immer eine heimliche Mutter-Sohn-Allianz."

Was der Ehemann tun kann

Ihre Situation: Sie können nicht den Neutralen in der Mitte spielen, der sich heraushält und nichts mit dem Problem zu tun hat. Wenn Ihre Frau Schwierigkeiten mit Ihrer Mutter hat, haben Sie sich in der Regel noch nicht genügend vom Sohn zu einem erwachsenen

Partner Ihrer Frau entwickelt. Nabeln Sie sich ab, aber erweisen Sie Ihrer Mutter Respekt.

Ihre Aufgabe: Nur Männer, die den Bannkreis der Mutter verlassen und die „Prinzen-Rolle“ aufgegeben haben, entwickeln eine gute Paarbeziehung. Stoppen Sie alle Serviceleistungen und Verwöhnprogramme Ihrer Mutter. Machen Sie Ihrer Mutter bewusst: Die Frau Nummer eins in Ihrem Leben ist jetzt Ihre Ehefrau. Bekennen Sie sich klar zu Ihrer Partnerin. Stellen Sie sich an ihre Seite, gerade wenn Ihre Frau für labil, unfähig oder unpassend erklärt wird.

Klären Sie mit Ihrer Partnerin, welche Möglichkeiten es für Sie beide gibt, Ihre Mutter an Ihrem Leben Anteil haben zu lassen (Anrufe, Fotos und Besuche der Enkel, Omi-Tag, Familienfeiern).

Was die Schwiegertochter tun kann

Ihre Situation: Sie kommen sich vor wie ein Eindringling, dem die Schwiegermutter keinen Platz zugesteht. Sie fühlen sich bevormundet und kritisiert. Was Sie aber eigentlich schmerzt, ist das Verhalten Ihres Mannes, der sich im Streitfall nicht klar zu Ihnen bekennt. Sie erleben ihn dabei als von der Mutter dominierten Sohn.

Ihre Aufgabe: Achten Sie Ihre Schwiegermutter als Mutter Ihres geliebten Partners. Gleichzeitig dürfen Sie sich als Schwiegertochter aber auch wehren und abgrenzen. Fragen Sie Ihre Schwiegermutter bei kleinen Dingen um Rat, und bedanken Sie sich für den Tipp. Würdigen Sie, was Ihnen ehrlicherweise am Wohn- und Lebensstil der Schwiegermutter gefällt.

Ermöglichen Sie Ihren Kindern auch in schwierigen Phasen den Zugang zu dieser Großmutter und werten Sie sie nie vor ihnen ab.

Lassen Sie bei Besuchen einen gewissen Prozentsatz „Omi-Regeln" gelten. Kinder kommen damit erstaunlich gut klar, wenn es bei der Oma strenger oder auch lockerer zugeht als bei den Eltern. Die Oma darf sich zu Erziehungsfragen äußern, ein Mitspracherecht hat sie aber nicht.

Was die Schwiegermutter tun kann

Ihre Situation: Ihre Familie hat für Sie einen hohen Wert. Sie kümmern sich viel um Ihren erwachsenen Sohn und haben genaue Vorstellungen davon, wie er sein Leben gestalten sollte. Sie erwarten von Ihrer Schwiegertochter, dass sie sich wie Sie um alles kümmert. Gleichzeitig sehen Sie genau, wie anders und unerfahren die jüngere Frau ist.

Ihre Aufgabe: Haben Sie Vertrauen in die Wahl des Sohnes. Er braucht Ihre wohlwollende Distanz und Ihren Respekt für sein eigenständiges Leben. Geben Sie ihm dafür Ihren Segen. Je mehr Sie Ihre Kinder loslassen, ihren Lebensstil und ihre Partner respektieren, umso lieber kommen sie auf Sie zu. Helfen Sie nur, wenn Sie ausdrücklich darum gebeten werden.

Mischen Sie sich nicht in den Lebensstil des jungen Paares ein. Die Welt ändert sich dramatisch und damit auch die Art und Weise, wie man in einer Ehe lebt und als Frau mit Mann, Beruf, Haushalt und Kindern umgeht.

Belasten Sie die Beziehung nicht mit neidischen, fordernden oder abwertenden Bemerkungen („Ich hatte es viel schwerer als du" – „Seit er mit dir zusammen ist, sehe ich ihn kaum noch").

Geben Sie nicht ungefragt Ratschläge, sondern fördern Sie Ihre Schwiegertochter mit anerkennenden Worten.

4.5 Ent-opfern Sie sich!

Wege aus einer überraschend weit verbreiteten Falle

„Sie opfert sich für die Kinder auf." - „Er macht sich für seinen Beruf kaputt." Das gibt es nicht erst heutzutage. Opfern ist ein uraltes menschliches Bedürfnis, eine Art Gegenenergie zum Selbsterhaltungstrieb. Es ist das, was ein Mensch tun kann, wenn er sonst nichts mehr tun kann.

Der letzte Ausweg in der Partnerschaft

Recht häufig findet sich das Opferphänomen in der Partnerschaft, weil es dort als das letzte Mittel erscheint, um den anderen Menschen zu beeinflussen. „Ich opfere mich für dich auf" hat ausgesprochen oder unausgesprochen eine sehr mächtige Wirkung auf den anderen. Aber es ist niemals eine schöpferische, sondern stets eine zerstörerische Kraft. Sie schadet dem, der sich opfert, genauso wie der Beziehung.

Männer arbeiten sich kaputt

Das Sichaufopfern ist keineswegs eine weibliche Domäne. Der Mann, der in seinem Beruf aufgeht und sich für seine Firma aufzehrt, versteht das unbewusst als verzweifelte Hingabe an seine Frau oder Familie. „Männer haben häufig keinen Zugang zu ihren Gefühlen“, meint der Soziologe Holger Heide, „und so versucht ihre Seele, sie durch Arbeit und Überarbeitung zu zeigen.“

Frauen opfern sich auf

Eine bittere, aber notwendige Einsicht: Auch derjenige, für den Sie sich aufopfern, hat nichts davon. Der Mann, dessen Frau sich wegen ihm bestimmte Freuden versagt, erlebt es vielleicht als Bequemlichkeit, dass er sich abends an einen gedeckten Tisch in einer blitzsauberen Wohnung setzen kann. Aber dafür sitzt ihm dann eine freudlose Frau gegenüber. Die Frau, deren Mann sich im Beruf für die materielle Sicherheit seiner Familie aufreibt, will vielleicht lieber einen ärmeren, aber dafür gesunden Mann.

Wie finden Sie aus der Falle?

Der erste Schritt: Kratzen Sie den Verschönerungslack von dem Wort „Opfer“. Machen Sie sich klar, dass es für keinen Beteiligten etwas Gutes bringt, wenn sich einer aufopfert. Vielleicht haben Sie in Ihrer Kindheit gelernt, dass Sie sich opfern müssen, damit die andern Sie mögen. Wenn das so ist, sagen Sie zu sich: „Ich bin erwachsen. Meine Kindheit ist vorbei.“

Das Ziel ist: Freude, Sinnenhaftigkeit und Genuss akzeptieren zu lernen. Kehren Sie zurück zum Vertrauen in Ihr Leben. Der Anfang könnte darin bestehen, sich kleine Vergnügungen zu gönnen, die Sie aufpäppeln und verwöhnen, bis Sie später frei werden, sich auf andere zu beziehen und ihnen Vergnügen zu spenden, um es dann umgekehrt aus deren Händen selbst zu empfangen.

5. Machen Sie sich frei

5.1 Glückspilz-Training

Einfache Strategien für ein glücklicheres Leben

Der britische Psychologe Richard Wiseman lud Pechvögel und Glückspilze in sein Testlabor ein und ließ sie die Bilder in einer Zeitschrift zählen. Mittendrin aber stand in großen Buchstaben: „Hören Sie auf zu zählen. Sagen Sie dem Versuchsleiter, dass Sie diesen Satz gefunden haben, und kassieren Sie 100 Pfund." Von denen, die sich für Glückspilze hielten, entdeckten viele die Botschaft. Die selbsternannten Pechvögel sahen die Glücksnachricht bis auf wenige Ausnahmen nicht.

Mit diesem und anderen Experimenten hat Wiseman herausgefunden, wie auch angeblich vom Unglück verfolgte Menschen ihr Glück finden können.

Rechnen Sie mit einer guten Zukunft

Gegen diesen Rat verstößt Deutschland zurzeit kollektiv. Lassen Sie sich nicht anstecken, sondern machen Sie sich klar: Jede Wahrnehmung ist selektiv, jede Analyse und jede Prognose erfassen stets nur einen Ausschnitt. Trennen Sie deutlich: Wissen Sie aus eigener Empfindung, dass es Ihnen schlechter geht, oder beruhen diese Empfindungen auf den Meldungen der Medien? Zufriedenheit ist – völlig unabhängig von materiellem Wohlstand – auch im wirtschaftlichen Niedergang möglich.

Rechnen Sie nicht in relativen Zahlen („Ich kann mir nur halb so viel leisten wie mein Nachbar"), sondern in absoluten („Ich leiste mir einen Wein für 15 Euro"). Glückspilze, so Wiseman, vergleichen nicht, sondern genießen.

Vertrauen Sie Ihrer Intuition

Wagen Sie es, Entschlüsse „aus dem Bauch heraus“ zu treffen. Erinnern Sie sich an eine schlimme falsche Entscheidung. Meist hatten Sie damals spontan den richtigen Riecher, ließen sich aber durch Nachdenken oder Überredung zu einem Fehler verleiten. Lernen Sie daraus. Sagen Sie jetzt zu der inneren Stimme Ihres Unbewussten: „Danke. Das nächste Mal höre ich auf dich!“

Stellen Sie sich bei kniffligen Entscheidungen einen weisen alten Mann (oder eine weise Frau) vor und halten Sie ein vertrauliches Zwiegespräch. Auf den Rat des/der Alten können Sie sich verlassen!

Verwandeln Sie Unglück in Glück

Auch die größte Katastrophe enthält ein Quäntchen Glück, so wie jede Idylle etwas Negatives enthält. „Das Beste daraus zu machen“ ist die herausragende Fähigkeit der Glücksmenschen.

Üben Sie diese Sichtweise in harmlosen Situationen. Beispiel: Sie haben sich im Supermarkt an die langsamste Warteschlange angestellt – dann unterhalten Sie sich freundlich mit der Person vor oder hinter Ihnen. Sagen Sie sich, dass dieses Gespräch nur möglich wurde durch Ihr Pech, in der „falschen“ Reihe zu stehen.

Grübeln Sie nicht über vergangenes Pech

Leichter gesagt als getan! Wenn Ihre Gedanken zurückschweifen, dann zwingen Sie sich aber wenigstens dazu, aus dem damals passierten Fehler zu lernen. Formulieren Sie „goldene Sätze“ für sich, was Sie in Zukunft in einer ähnlichen Situation tun werden. Beugen Sie zukünftigem Pech aktiv und bewusst vor.

Denken Sie an die berühmte Geschichte des IBM-Managers, dessen Unternehmen durch seine falsche Entscheidung 2 Millionen Dollar verlor. Er ging zum Chef und bat um seine Entlassung. Der rief: „Sind Sie wahnsinnig? Gerade haben wir 2 Millionen Dollar in Ihre Ausbildung investiert!“

5.2 Ihre drei großen Motivatoren

So besiegen Sie, was Sie demotiviert

Gehören Sie zu den Millionen von Menschen, die nicht bekommen, was sie sich wünschen? Haben Sie das Gefühl, Ihrem Erfolg selbst im Weg zu stehen? Dann hindern Sie wahrscheinlich ein paar einfache Grundeinstellungen daran: die „Demotivatoren“. Treten Sie ihnen auf Ihrem Weg entgegen – wir zeigen Ihnen, wie sie zu überwinden sind.

Demotivator 1: Die Angst vor Unsicherheit

Viele Menschen fürchten, ihre kleine Sicherheit zu verlieren – und gehen nicht das Wagnis ein, das nötig ist, um die große, wahre Sicherheit zu erlangen. Politik, Wirtschaft und Gesellschaft können keine verlässliche Sicherheit garantieren, das sehen wir täglich. Der Schlüssel zum eigenen Sicherheitsgefühl liegt in Ihnen, in Ihrem berechtigten Selbstvertrauen. So kann es wachsen:

Motivator 1: Die Schärfe des Verstandes

Die Hauptbedrohung geht niemals von der Wirklichkeit aus, sondern von Ihren eigenen schrecklichen Gedankenbildern. Gegen die Horrorszenarien der Medien und Ihrer Mitmenschen können Sie nichts tun, aber Ihren eigenen negativen Phantasien sollten Sie offensiv begegnen. All Ihre Sorgen haben einen wahren Kern. Der Kniff ist aber, sie von der emotionsgeladenen rechten Gehirnhälfte in die analytische linke herüberzuziehen.

Beispiel: drohende Arbeitslosigkeit. Sie sehen sich auf öden Arbeitsamtsfluren sitzen? Fragen Sie sich: „Was könnte mir schlimmstenfalls passieren? Wohin könnte ich umziehen?" So werden aus dumpfen Befürchtungen konkrete Überlegungen. Nun können Sie einen Plan B entwickeln und sich fragen: „Was kann ich jetzt schon tun, um dem zuvorzukommen?" Dadurch gewinnen Sie Freiheit. Sie werden nicht von Ihren Vorstellungen beherrscht, sondern agieren selbstständig.

Demotivator 2: Die Furcht des Versagens

Diese sehr persönliche innere Stimme hält Sie davon ab, sich Ihre wunderbarsten Träume zu verwirklichen: einen potenziellen Partner anzusprechen, Ihrer künstlerischen Ader zu folgen ... Der Demotivator 2 sagt: „Das schaffst du nicht. Das ist zu teuer ..."

Motivator 2: Die Kraft der Phantasie

Möglichkeiten zu scheitern gibt es unzählige, und jede einzelne hat etwas für sich. Aber daraus kommt keine Kraft – nur Bremskraft.

Bleiben Sie nicht in den berechtigten Gedanken über das Scheitern stecken, sondern entwickeln Sie Visionen vom Gelungenen. Jetzt geht es andersherum als bei Motivator 1: Nutzen Sie die Gestaltungskraft Ihrer rechten Gehirnhälfte. Schöpfen Sie aus der Fülle Ihrer inneren Bildkraft. Jetzt wird nicht geschrieben, sondern gezeichnet, phantasiert, gefühlt und kühn geträumt! Malen Sie sich den gelungenen Endzustand aus: Bewundern Sie das Spiel der Sonnenstrahlen in Ihrem zukünftigen Haus, riechen Sie das Gemisch der Farben in Ihrem eigenen Atelier und gehen Sie barfuß durch den Garten, den Sie bald haben werden. Bekleben Sie Ihren Projektordner mit Bildern, die Sie aufatmen lassen.

Demotivator 3: Der Selbstzweifel

Selbstzweifel sind zermürbend. Sie entstehen sogar bei erfolgreichen und eigentlich glücklichen Menschen, wenn sie mit sich allein sind.

Motivator 3: Die Unterstützung durch andere

Gegen den introvertierten Selbstzweifel hilft der Blick über den eigenen Tellerrand. Lassen Sie sich selbst nicht im Stich. Holen Sie sich den Beistand anderer Menschen. Gehen Sie Personen aus dem Weg, von denen Sie in der Regel nur kritisiert werden. Suchen Sie sich Ermutiger. Gehen Sie Ihr Telefonverzeichnis durch: Nach welchen Gesprächen fühlen Sie sich gestärkt? Nehmen Sie mit diesen Menschen Kontakt auf. Bestärken Sie sich gegenseitig. Beschenken Sie sich gegenseitig mit Zuversicht und dem Beisammensein.

5.3 Glücksrezept Lachen

Warum Sie mindestens 30-mal am Tag lachen sollten

Eigentlich ist es eine krampfartige Äußerung, die nach Erstaunen oder Erschrecken Ausdruck der inneren Befreiung ist. Solches Ur-Lachen lässt sich bei Säuglingen beobachten. Zu deren schlimmsten Ungewissheiten gehört es, allein gelassen zu werden. Beim Kuckuck-Spiel wird dies spielerisch verwendet: Der Erwachsene verschwindet, das Kind gerät in Panik, dann – kuckuck! – ist er wieder da, und das Kind lacht vor Begeisterung und Erleichterung.

Lachen macht Schweres leichter

Erleichterung ist denn auch die Botschaft, die jedes Lachen in Ihre Körper-Seele-Einheit schickt. Wenn nach einem peinlichen Vorfall der davon Betroffene lacht, wird die schwere Situation leicht.

Angenommen, Sie haben den Namen einer Person vergessen, die Ihnen begegnet. Die Peinlichkeit wird geringer, wenn Sie selbst über Ihr eigenes Malheur lachen können. Ideal wäre es, Sie könnten den anderen auch dazu bringen. Wenn Sie sagen „Manchmal kann ich mir meinen eigenen Namen nicht merken" und der andere lacht, ist die Situation gerettet.

Verdoppeln Sie Ihre Dosis

Ein Kind lacht durchschnittlich etwa 300-mal am Tag, ein Erwachsener 15-mal. Wenn Sie Ihre Lebensqualität deutlich steigern wollen, sollten Sie Ihre tägliche Dosis auf mindestens das Doppelte steigern. Dazu sind alle Mittel erlaubt: lustige Filme ansehen, Ihren komischsten Bekannten anrufen, Kabarett und Komödien besuchen (live ist immer besser als Konserve), Witze hören oder lesen.

Tipp

⇨ Lach-Alternativen für den Notfall: Natürlich gibt es sehr schlimme Ereignisse, bei denen Lachen keine Lösung ist. Wenn Sie so sehr leiden, dass Sie nicht lachen können, verwenden Sie andere Formen der emotionalen krampfartigen Äußerung mit anschließender Entspannung: weinen, schreien, sehr laute Musik hören, auf einen Sandsack hauen, Geschirr werfen usw.

Finden Sie Ihren Lachstoff

Der eine lacht über kleine harmlose Witzchen (Didi Hallervorden), der andere braucht derben schwarzen Humor (Monty Python), wieder ein anderer lacht vielleicht erst über bösartigste Scherze, in denen andere Menschen mächtig aufs Korn genommen werden (Oliver Kalkofe). Leider verurteilen Angehörige der einen Lachgruppe die Anhänger der anderen Humorrichtungen. Gestehen Sie sich und anderen zu, dass es sehr verschiedene Wege gibt, an diese lebenswichtige Medizin zu kommen.

Umgeben Sie sich mit Lachenden

Lachen steckt an. In einem vollen Kino fällt es leichter, über einen witzigen Film zu lachen, als allein zu Hause vor dem Bildschirm. Vielen Menschen fällt es schwer, zu Hause zu lachen, aber in einer fröhlichen Gruppe lassen sie sich gern anstecken. Wenn Sie allein nicht auf Ihre 30 Lacher pro Tag kommen, ist das ein Zeichen dafür, dass Sie mehr Zeit mit Menschen verbringen sollten, die gern lachen. Die Gesellschaft solcher Leute ist wirksamer als jedes Antidepressivum.

Lachen über sich selbst

Alle beschriebenen Methoden sind nur Vorübungen für das wichtigste und gesündeste Lachen: das über sich selbst. Die befreiende Wirkung des Gelächters kann Sie auf beschwingte Weise aus dem Gefängnis Ihrer Ich-Bezogenheit und der damit verbundenen Unannehmlichkeiten (Depression, Rückenschmerzen ...) befreien.

Martha Beck empfiehlt bei Krisen die Methode der Übertreibung: Suchen Sie einen Ort, an dem Sie garantiert allein sind. Stellen Sie sich vor, Sie wären ein Komiker, der vor Publikum seine drängendsten Probleme beschreibt und bis zur äußersten Katastrophe zu Ende denkt. Erzählen Sie alle Ihre Schwierigkeiten so, dass sie bei Ihrem gedachten Publikum maximales Schenkelklopfen hervorrufen. Sie werden staunen, welch wunderbar komische Seiten Sie Ihrem Leben abgewinnen können!

5.4 Meditation in Bad und Dusche

Wasserfall-Brause

Lassen Sie unter der Dusche das Wasser mit feinem Strahl über Gesicht, Schultern und Arme laufen. Besonders wirksam: Gehen Sie in die Hocke und nehmen Sie das Geprassel auf dem Rücken wahr. Stellen Sie sich vor, dieses Wasser ist Leben spendender Regen! Die optimale Kaltdusche am Schluss verläuft von außen nach innen: über Hände, Füße, Arme und Oberschenkel zu Brust und Rücken.

Körper-Begrüßung

Ganz entscheidend: Nehmen Sie Ihren Körper wahr. Stellen Sie die Dusche ab und streichen Sie die Wassertropfen vom Körper ab. Sagen Sie dabei jedem Körperteil: „Guten Morgen! So wie du bist, bist du gut!“ Auch wenn der Bauch vielleicht etwas dick und die Schenkel schlaff sind – wenn Sie jetzt ein positives Verhältnis zu Ihrem Körper finden, trägt er Sie viel beschwingter durch den ganzen Tag. Beim Abtrocknen und Eincremen mit einer aromatischen Lotion lässt sich diese Übung fortsetzen.

Gesichts-Erwachen

Eines der Erfolgsrezepte asiatischer Gelassenheit ist die allmorgendliche Gesichtsmassage, die dort so selbstverständlich ist wie bei uns das Zähneputzen. Streichen Sie die Haut mehrmals vom Kinn zu den Mundwinkeln, von den Augenwinkeln über die Nasenflügel zur Stirn und über die Schläfen wieder zurück. Dann mit Schwung von der Mitte nach außen: vom Kinn, der Nase und der Stirnmitte jeweils in Richtung Ohren.

Lächel-Kraft

Zum Schluss pressen Sie fünf Sekunden lang Zeige- und Mittelfinger bei geschlossenen Augen auf die Stirnmitte. Atmen Sie dabei ein, lächeln Sie und atmen Sie mit geöffneten Augen aus. Sehen Sie sich im Spiegel beim Lächeln zu. Anfangs ungewohnt, aber nach ein paar Tagen Übung können Sie aus dieser Körper-Rückkopplung (Sie lächeln über Ihr Lächeln) die Energie beziehen, die Sie freundlich gegenüber sich selbst macht.

Wasser-Abendmeditation

Um abends perfekt abschalten zu können, machen Sie folgende Übung, während das Wasser in die Wanne läuft. Setzen Sie sich auf den Boden, Hände nach oben geöffnet, wobei sich Daumen und Zeigefinger zur „Blütenblattstellung" berühren. Schließen Sie die Augen, atmen Sie bewusst und gleichmäßig, lassen Sie alle Gedanken wie Nebel von sich wegziehen, der sich im sprudelnden Wasser neben Ihnen auflöst. Zehn Minuten wirken bereits Wunder!

Tipp

- Die beste Badetemperatur ist 36° bis 38°C, so dass Sie das Wasser eigentlich gar nicht spüren, sondern sich schwerelos fühlen. Verwenden Sie beruhigende Badezusätze und stellen Sie sich vor, dass das Wasser alle unguten Gedanken, Gifte und Belastungen in Ihnen auflöst und davonschwemmt.

5.5 Qi Gong im Alltag

Sie müssen nicht im Morgengrauen "schattenboxen"

Qi Gong, die „Arbeit mit der Lebenskraft", ist eine uralte chinesische Methode, um Körper und Seele in Harmonie zu bekommen.

Sie widmet der Entspannung breiten Raum und legt Wert auf regelmäßiges Üben. Die Lebensenergie Qi (oder „chi“) wird durch die Vorstellung gelenkt, und so sind gerade Routineabläufe im Alltag hervorragende Gelegenheiten, Qi Gong zu üben.

Entspannen Sie sich mit der Schwerkraft

Diese Übung dient als Vorbereitung für alle weiteren, ist aber auch für sich allein schon sehr wohltuend. Richten Sie Ihre Aufmerksamkeit auf den Scheitelpunkt Ihres Kopfes und entspannen Sie von hier aus das Gesicht. Lassen Sie die Entspannung über Brust, Magen und Bauch laufen. Spüren Sie, wie die Welle des Loslassens von der Erdanziehung sanft nach unten gezogen wird. Entspannen Sie sich von dort aus weiter über die Vorderseiten der Ober- und Unterschenkel bis zu den Zehen.

Schicken Sie anschließend eine Entspannungswelle vom Scheitelpunkt abwärts über Hinterkopf, Nacken, Hals, Rücken und Rückseiten der Beine. Wenn es dabei behaglich in der Wirbelsäule kribbelt, machen Sie alles richtig.

Gehen Sie ein drittes Mal vom Scheitelpunkt aus und entspannen Sie die Seiten: Ohren, Kiefergelenke, Hals, Schultern und Arme. Dann weiter zu Brustkorb, Hüften, Außenseiten der Beine bis in die Zehen.

1. Übung: Der große Zehenkanal

Diese einfache Übung kann gegen Bluthochdruck und unregelmäßigen Stuhlgang helfen. Denken Sie an Ihre große Zehe und klammern Sie sich mit ihr (ohne Verkrampfung) in der Erde fest.

Spüren Sie, wie durch den Zeh die Kraft der Erde in Sie strömt. Atmen Sie dabei ruhig und bewusst weiter.

2. Übung: Die Seh-Kette

Diese Übung dient der Stärkung des Gedächtnisses, um Gehörtes oder Gelesenes besser behalten zu können. Sie eignet sich besonders vor Vorträgen, Konzerten oder dem Lesen eines wichtigen Textes. Sie sollten Sie etwa drei Minuten lang ausführen.

Entspannen Sie wie oben beschrieben den ganzen Körper. Schließen Sie die Augen und sehen Sie zur Nasenspitze. „Blicken“ Sie anschließend in Ihrer Vorstellung mit der Nasenspitze zum Mund, dann mit dem Mund zum Herzen und mit dem Herzen zu den Ohren. Das ist hilfreich beim Hören eines Vortrags. Beim Lesen eines Buchs blicken Sie mit dem Herzen zu den Augen. Mit etwas Übung können Sie das Ganze auch mit offenen Augen durchführen. Entscheidend ist Ihre Vorstellung.

3. Übung: Das Ordnen der Flüsse

Sehr empfehlenswert bei Erkältungen im Frühstadium: Das Qi fließt nach chinesischer Vorstellung entlang der Meridiane, die den Körper wie Flüsse an der Oberfläche und im Innern durchziehen. Sind sie blockiert, kommt es zu Störungen.

Stehen Sie bei dieser Übung. Zu Hause können Sie eine angenehme Musik hören. Grundlage sind langsame, zarte Schüttelbewegungen. Für Wartezeiten (z. B. an der Bushaltestelle) genügt es, wenn Sie sich an

Stelle des Schüttelns mehrmals leicht auf die Zehenspitzen stellen und dann auf die Fersen fallen lassen.

Beginnen Sie mit der beschriebenen Entspannungsübung. Ordnen Sie dann in Ihrer Vorstellung Ihre Meridiane mithilfe leichter, rhythmischer Schüttelbewegungen. Beginnen Sie an der Schädeldecke und gehen Sie in Gedanken den ganzen Körper entlang nach unten. Wichtig: die Vorstellung vom „Geraderichten“ der Meridiane.

Danach stellen Sie sich ruhig hin. Stellen Sie sich beim Ausatmen intensiv vor, wie verbrauchte Energie durch die Körpermitte über die vordere Hälfte Ihrer Füße tief in den Boden abfließt. Gehen Sie langsam von oben nach unten, als ob Sie einen Flüssigkeitsspiegel Atemzug um Atemzug absenken. Atmen Sie dabei immer kurz und tief ein, und langsam durch die Nase aus. Gönnen Sie sich nach der Übung noch einige Augenblicke ruhigen Stehens, sonst macht sie Sie müde.

Tipps

Tanken Sie emotionale Energie:

- **Neid:** Nur selten spüren Sie Neid direkt. Aber manchmal macht der Erfolg anderer Menschen Sie traurig. Typischer Rettungsversuch: Sie machen diesen Menschen ganz heimlich schlecht. Beides entzieht Ihnen eine Menge positiver Emotionen. Machen Sie sich klar, was Sie gut können und was Sie Positives erreicht haben. Wenn Ihnen das schwer fällt, tun Sie es schriftlich. Sie werden sich selbst beneiden!
- **Unerledigtes:** Verschobene Entscheidungen, halbfertige Projekte, unerfüllte Versprechungen – das Bermuda-Dreieck, in dem Ihre emotionale Energie spurlos verschwindet. Sie entwickeln einen Plan nach dem anderen, wie das Unmögliche doch noch zu schaffen sei. Besser: lieber ein Ende mit Schrecken als ein Schrecken ohne Ende. Sagen Sie Dinge ab. Meist ist es weniger schlimm als befürchtet. Fühlen Sie den emotionalen Energiegewinn durch Ihr Aufatmen und die gewonnene innere Freiheit.